VOYAGE

A

TERRE-NEUVE.

AF727678

CAEN.—IMPRIMERIE DE E. POISSON.

Tout exemplaire non revêtu de la signature de l'auteur, sera réputé contrefait, et le contrefacteur poursuivi.

DÉPÔT LÉGAL
Calvados
N° 9
1853

VOYAGE

A

TERRE-NEUVE.

BIBLIOTHÈQUE IMPÉRIALE

OBSERVATIONS ET NOTIONS CURIEUSES

PROPRES A INTÉRESSER TOUTES LES PERSONNES QUI VEULENT AVOIR UNE IDÉE JUSTE DE L'UN DES PLUS IMPORTANTS TRAVAUX DES MARINS FRANÇAIS ET ÉTRANGERS,

Recueillies pendant plusieurs séjours faits dans ces froides régions,

PAR

C.-J.-A. CARPON,

CHIRURGIEN DE LA MARINE DU COMMERCE, MEMBRE CORRESPONDANT DE LA SOCIÉTÉ D'AGRICULTURE DE CAEN.

Chacun sera content, poissons dont on fait cas,
De connaître comment on vous pêche là-bas.
Et vous, jeunes marins, vous saurez par mon livre,
En le méditant bien, la bonne route à suivre.

SE TROUVE:

A CAEN,
CHEZ EUGÈNE POISSON,
Rue Froide, 18.

A PARIS,
CHEZ DUTOT, ÉDITEUR,
Rue de Rivoli, 36.

1852.

VOYAGE

A

TERRE-NEUVE.

OBSERVATIONS ET NOTIONS CURIEUSES

PROPRES A INTÉRESSER TOUTES LES PERSONNES QUI VEULENT AVOIR UNE IDÉE JUSTE DE L'UN DES PLUS IMPORTANTS TRAVAUX DES MARINS FRANÇAIS ET ÉTRANGERS,

Recueillies pendant plusieurs séjours faits dans ces froides régions,

PAR

C.-J.-A. CARPON,

CHIRURGIEN DE LA MARINE DU COMMERCE, MEMBRE CORRESPONDANT DE LA SOCIÉTÉ D'AGRICULTURE DE CAEN.

PROSPECTUS.

Quand les navigateurs du XVe siècle découvraient les parties septentrionales de l'Amérique, ils étaient loin de prévoir l'importance que le commerce et l'industrie donneraient un jour à ces contrées.

On se jetait avec fureur sur ce continent occidental, que le génie d'un grand homme venait de livrer, comme une proie, à la cruelle avarice des peuples de l'ancien monde ; on ne voulait que de l'or, on ne demandait à ces terres, riches et fécondes, que ce métal trompeur, qui devait appauvrir et ruiner ses avides conquérants.

Déjà, les Espagnols avaient dédaigné la vaste région que baigne le Saint-Laurent, et qui fut longtemps une possession française : n'y trouvant rien qui pût satisfaire leur insatiable cupidité, ils avaient voulu flétrir de la dénomination de Canada (*aca, nada ! ici, rien !*) ce pays aux rudes hivers, mais au sol si fertile. Revenus à des idées plus saines, les peuples de l'Europe moderne ont senti la valeur que ces possessions lointaines pouvaient acquérir par des colonies agricoles et des établissements commerciaux. Ils s'y sont donc portés comme agriculteurs, commerçants, pêcheurs, rivalisant de sacrifices et d'efforts, pour procurer, à leurs patries respectives, la plus forte somme possible d'avantages.

Parmi les grands travaux entrepris dans ce but, il n'en est pas de plus importants que ceux de la pêche qui se fait sur le Grand-Banc ou à Terre-Neuve même. Voilà ce que comprennent tous ceux qui s'intéressent à notre puissance navale, à la prospérité de notre commerce maritime.

Mais, à l'exception des hommes pratiques, qui sait comment s'exécutent ces opérations si longues, si multipliées, si minutieuses ? Les résultats, sous une infinité de rapports, en sont féconds, incalculables : les produits de cette pêche chargent la table du riche comme celle du pauvre ; mais qui connaît les moyens par lesquels ils sont obtenus ?

C'est la réflexion qu'a faite M. Carpon, ou plutôt, que lui ont faite des amis éclairés : car ce n'est qu'en cédant à leurs instances réitérées, qu'il s'est décidé à publier ses observations.

Aussi, l'auteur n'affiche-t-il nullement la prétention d'écrivain : il nous fait part, sans façon aucune, de ce qu'il a vu. C'est un livre à l'usage de tous : car tous y trouveront à profiter ; qu'on ne s'imagine pas, d'ailleurs, qu'il n'y soit question que de pêche : l'ouvrage est rempli de détails curieux sur le pays, sur les habitants, anciens et modernes, sur les animaux, les chasses, et il offre une instruction solide et vraie, non moins qu'amusante.

Puis, indépendamment de sa valeur intrinsèque, il a, ce nous semble, un mérite d'à-propos : ne contribuât-il qu'à fixer, pour un moment, sur d'importantes opérations, sur une profession éminemment utile et honorable, nos imaginations françaises, trop longtemps distraites par les stériles et impuissantes élucubrations de nos soi-disant publicistes, à ce titre seul, il a droit au suffrage des gens de bien, des amis de l'ordre.

C'est donc avec une ferme confiance que nous

appelons la bienveillance et les encouragements du public sur ce travail intéressant, que M. Carpon a voulu mettre à la portée de tous, en fixant le prix de l'exemplaire à 2 fr. 50.

E. GAUTIER,

Professeur de Belles-Lettres à Caen.

SE TROUVE :

A PARIS,	chez MM.	LEDOYEN et GIRET, quai des Augustins ;
—	chez	DAUVIN et FONTAINE, passage des Panoramas, 55 ;
A CAEN,	chez	Eugène POISSON, rue Froide, 18 ;
AU HAVRE,	chez	COCHART, libraire ;
A CHERBOURG,	chez	LEPOITEVIN et HENRY, libraires ;
A SAINT-LO,	chez	ROUSSEAU, libraire ;
A COUTANCES,	chez	DAIREAUX, imp.-libr. ;
—	chez	FOLLAIN, libraire ;
A PÉRIERS,	chez	GROULD, libraire ;
A GRANVILLE,	chez	MAHÉ, libraire ;
A ST-MALO-DE-L'ILE,	chez	CARUEL, libraire ;
A SAINT-BRIEUC,	chez	GUYON, Frères, libraires ;
A VALOGNES,	chez	CAPELLE, libraire ;
A ST-HÉLIER (JERSEY),	chez	PERROT et HULIN, libraires typographes, place Royale.

Caen.Imp. de E. Poisson.

A M. V. MINARD,

Pharmacien à Montmartin-sur-Mer.

Toi, le meilleur des amis,
Qui m'inspiras la pensée
De publier mes écrits,
En dépit de la risée :
Pour répondre à ton désir,
Tu vois comme je m'empresse
De faire gémir la presse,
Dans un moment de loisir.
C'est à toi que je dédie
Ce fruit d'un étroit génie,
Sur qui chacun peut railler ;
Mon humble condescendance,
A défaut de la science,
A tes yeux doit m'excuser.

C'est donc sous ton patronage
Que cet innocent ouvrage
Se hasarde à voir le jour.
Si l'on dit : quelle sottise !
Il ne vaut pas qu'on le lise !
Refuse-lui ton amour.
Qu'on l'approuve, ou qu'on le fronde,
Voilà qu'il court dans le monde.
Tant mieux, s'il plaît au lecteur ;
Mais, par un destin contraire,
S'il pourrit chez le libraire,
Tant pis pour le pauvre auteur !

INTRODUCTION.

Sollicité à plusieurs reprises, par quelques-uns de mes amis, de publier une petite brochure sur la manière dont se font la pêche et la chasse aux côtes de Terre-Neuve, je me promettais souvent de me rendre à leurs désirs, puis j'en restais là. Fatigué, jour et nuit, par les soins d'une clientèle médicale fort étendue, il m'eût été fort pénible, pour ne pas dire impossible, quand je rentrais le soir à mon domicile, de songer à autre chose qu'au repos, indispensable à la réparation de mes forces; une sorte de nécessité me le faisait préférer, de beaucoup, au griffonnage d'anecdotes sur Terre-Neuve et ses bateaux.

Enfin, j'abandonne, pour cinq mois au moins, le sol natal, et je vais retourner, en qualité de chirurgien de la marine du commerce, à la côte est de Terre-Neuve. Ce voyage me procurera le loisir de m'acquitter de ma promesse envers mes chers camarades.

Je ne répondrai, sans doute, que bien imparfaitement à leur attente; toutefois, comptant sur leurs dispositions amicales, je me tiens d'avance tout excusé.

Mais il est un autre public, dont la crainte, je l'avoue, non moins que ma vie de labeurs, m'a longtemps retenu. Je me rappelais la condamnation, portée autrefois par Boileau, contre tout écrit médiocre :

> Un auteur à genoux, dans une humble préface,
> Au lecteur qu'il ennuie, a beau demander grâce :
> Il ne gagnera rien sur ce juge irrité.

Je me suis rassuré, cependant, comme il arrive parfois aux consciences les plus timorées. J'ai réfléchi qu'une trop grande sévérité à mon égard ne serait pas justice; que j'ai peut-être des droits à l'indulgence; qu'on voudra bien voir dans mon travail l'œuvre d'un homme étranger à l'art d'écrire. Je me suis dit que cette publication pourrait offrir un certain degré d'intérêt, surtout dans nos départements maritimes. Les jeunes gens qui se vouent à la difficile profession de marin, y puiseront d'utiles enseignements. Puis combien de familles n'ont-elles pas un de leurs membres, ou au moins un allié, un ami dont le sort leur est cher, engagé dans ces hasardeuses expéditions ?

Enfin ceux qui les ont faites jadis, et que leur âge ou la perte de leurs forces, bientôt épuisées dans cette carrière si laborieuse, en éloignent aujourd'hui, reverront sans doute avec quelque charme la peinture des travaux et des amusements de leur jeunesse et de leur âge mûr : car, au déclin de notre existence, nous vivons surtout par nos souvenirs :

Forsan et hæc olim meminisse juvabit.

Telles sont les considérations qui m'ont déterminé.

Plus habitué à me servir du bistouri que de la plume, j'ai besoin de toute l'indulgence du lecteur et je le supplie de me l'accorder ; il sera, je l'espère, assez bienveillant, pour ne pas regarder d'un œil trop sévère ce livre sans prétention ; il réfléchira qu'en produisant mon travail au grand jour de la publicité, je ne fais qu'obéir à la curiosité d'excellents concitoyens, sur l'attachement desquels je peux compter pour la vie.

Je suis chirurgien ; cet état diffère beaucoup de la profession d'écrivain ; car un médecin, dans l'exercice de son état, pourra faire des découvertes, composer des ouvrages d'après son expérience, sans pour cela, s'élever à la hauteur du talent de l'historien. Du reste, il ne s'agit ici que de la narration de faits, dont j'ai été maintes fois témoin oculaire, et que je me hasarde à retracer, pensant que les uns y trouveront quelque profit, les autres, quelque agrément.

Rien n'est beau que le vrai; le vrai seul est aimable.

Uniquement guidé par cet axiôme du grand maître, je n'ambitionne d'autre titre que celui de narrateur sincère. Aussi n'ai-je pas à craindre de recevoir jamais, de qui que ce soit, un démenti sur les faits contenus dans cet opuscule. La vérité, chacun le sait, est de la plus haute importance en tout état de cause. Vainement la beauté du style nous charme, l'harmonie des périodes nous flatte, si toutes ces fleurs de rhétorique ne servent qu'à parer le mensonge. C'est là un compagnon pour lequel ma franchise de marin a toujours eu de l'aversion, et jamais nous n'avons fait route ensemble. On pourra donc, en me lisant, se tenir pour assuré de la vérité de mes récits; et d'ailleurs, les faits sont de nature, s'ils étaient controuvés, à m'exposer à de fréquentes déconvenues : car le lecteur ne peut-il pas rencontrer à chaque instant des hommes qui, comme moi, ont parcouru ces contrées occidentales ? Eh bien ! loin de redouter le témoignage des voyageurs, je l'invoque à l'appui de ce que j'avance. On me pardonnera d'insister sur ce point : car c'est surtout sur ma probité d'écrivain que je compte, pour rendre susceptible de quelque intérêt ce misérable ouvrage, expose, comme bien d'autres, à la malignité de la critique.

J'espère cependant désarmer la sévérité des censeurs, par cette double considération, qui résume et l'objet de mon travail et la droiture de mes intentions : je me suis proposé d'instruire et d'amuser un peu le commun des lecteurs ; mais, surtout, de me rendre utile aux jeunes gens que leur vocation appelle à la noble et pénible profession de marin.

VOYAGE

A

TERRE-NEUVE.

CHAPITRE Ier.

Traversée de France à Terre-Neuve. — Conseils aux jeunes marins. — Faits généraux et particuliers. — Essais de narrations rimées. — Souvenirs de naufrages. — Conseils hygiéniques.

Le départ et la traversée de France à Terre-Neuve, ne présentant rien qui soit digne de fixer l'attention, je mentionnerai seulement les faits les plus remarquables et les raconterai naïvement, et en peu de mots.

Une fois qu'on a dit adieu au beau pays de France, pour se rendre à ces îles de l'Amérique septentrionale, on se trouve bientôt lancé au milieu de l'Océan atlantique : quel sujet de description peut-on alors sérieusement attendre? Du matin au soir, on a sous les yeux le même spectacle : un navire, des compagnons de voyage, le ciel, et l'immensité de la plaine liquide, sillonnée par les bâtiments de toutes les nations du monde.

Laissant donc voguer notre bateau, sur une mer

tantôt paisible, tantôt agitée, occupons notre loisir à quelques détails, qui pourront bien n'être pas sans intérêt pour le lecteur. En effet, comme la pêche de la morue est le but essentiel du voyage, on n'apprendra pas, sans quelque plaisir, comment s'exécute cette pêche, et comment on prépare le poisson, pour le transporter ensuite dans presque tous les pays. Je donnerai donc, sur la pêche et la chasse, des préceptes, fruits de ma propre expérience, et qui seront, je crois, d'une grande utilité, pour ceux qui désireraient visiter cette contrée, n'importe en quelle qualité : ces documents peuvent servir aux officiers, aux voyageurs et aux matelots; car n'est on pas toujours bien aise, avant de partir pour un pays quelconque, de posséder les renseignements relatifs à l'expédition dont on doit faire partie?

Bien des jeunes gens aspirant au grade d'officier, s'embarquent comme volontaires, pour la pêche de la morue; ils ne reçoivent aucun salaire; mais ils ne sont, non plus, assujettis à aucune rétribution. L'armateur du navire où ils se trouvent, touche du gouvernement, lors de la première campagne de ces messieurs, cinquante francs à titre d'encouragement; et cette somme lui est rétribuée, pour tous ceux qui font, pour la première fois, une navigation quelconque.

Cette récompense est décernée en retour d'un avantage procuré à la marine de l'État, au sein de laquelle on fait entrer ainsi, chaque jour, de nouveaux sujets, sur le zèle et la capacité desquels on peut compter, pour le moment où sa dignité viendrait à être menacée.

A Terre-Neuve, Messieurs les volontaires reçoivent la singulière épithète de : *Mangeurs de beurre ;* preuve qu'au moins ils ne sont pas au pain sec. En effet, à bord comme à terre, ils sont admis à la table du capitaine avec les autres officiers, et, comme eux, assujettis aux *quarts* (1), et à l'obligation de donner la main à tous les travaux de la pêche.

Quand le capitaine les reconnaît intelligents et laborieux, il leur accorde sa confiance, et les charge de différentes missions, bien fréquentes pendant le séjour à Terre-Neuve.

Ainsi, il met sous leurs ordres un nombre d'hommes, plus ou moins considérable, en raison du travail que l'on se propose d'entreprendre, soit pour le transport du bois de chauffage ou de construction, soit pour la confection des cabanes, ou la disposition des sècheries, etc., etc.

Les hommes ainsi confiés par le capitaine aux

(1) On entend par *quart*, le temps que doivent passer sur le pont, des marins chargés des évolutions du navire, sous les ordres du capitaine ou d'un officier. Ce dernier, pendant la durée de son service, est appelé : *officier de quart*.

soins d'un volontaire ou d'un officier, doivent à leur chef obéissance et respect, et, pour prévenir les cas d'insubordination, sont soumis, en fait de discipline, aux mêmes règlements que les marins de la marine de l'État.

Ces jeunes gens, quand ils ont atteint l'âge de vingt ans révolus, peuvent, après deux campagnes sur mer, être appelés au service de l'État. Tel est, au surplus, le sort commun des marins et de tous les citoyens de la nation, à laquelle chacun doit se considérer comme redevable d'un service.

Le volontaire, à qui l'on délivre une feuille de route, a cet avantage sur le simple matelot : c'est qu'arrivé à bord d'un bâtiment de l'État, si ses talents ont été cultivés déjà par une bonne éducation, il ne tarde pas à gagner l'estime de ses chefs, qui ont pour lui des égards particuliers.

Le jeune marin, qui a satisfait au sort de la conscription, se croit libéré de tout service envers sa patrie : oui, si, après sa libération du service militaire, il ne fait pas, comme marin, deux campagnes dans les lointains climats ; autrement, à son retour de la deuxième course, il est classé de droit, et un commissaire lui donne, à l'occasion, un itinéraire pour Brest, ou tout autre port du premier rang. Pour se soustraire à l'obligation de cette feuille de route, celui qui ne se destine pas à la navigation, doit, au retour de chaque campagne, se faire déclasser, s'il veut être son maître, et rester au sein de sa famille. Les voyageurs, les passagers et les cuisiniers n'entrent pas dans cette catégorie, leur profession étant considérée comme étrangère à celle du marin.

Le médecin de la marine du commerce est aussi dispensé du service de l'État, et ne saurait y être contraint, sans cause particulière.

En faisant une courte description topographique du pays qu'il parcourt, le médecin narrateur ne doit pas oublier que sa tâche serait incomplète, s'il se taisait sur le caractère et les mœurs des habitants, sur les maladies qu'on rencontre, le plus communément, dans la contrée, sur la manière de les traiter, et sur les moyens de les éviter.

Je me propose donc de dire deux mots sur ces divers sujets, à l'article concernant le chirurgien.

Ces digressions variées pourront être fort utiles aux jeunes officiers de santé de la marine du commerce : elles le seront encore à ceux qui, n'ayant pas l'intention d'aller à Terre-Neuve, désireront pourtant savoir comment les choses s'y passent : ils trouveront, dans mon livre, une sorte de tableau du pays et des travaux de la pêche.

En 1826, je fis, sur Terre-Neuve, un croquis rimé; je ne le mis point au jour, parce qu'à mon arrivée à Granville, j'en vis un autre, qui pouvait être considéré comme frère du mien, et dont la lecture égayait déjà un grand nombre de lecteurs.

Il ne méritait pas, plus que le mien, de porter le nom de poëme, titre dont il était pourtant décoré. Ce n'était tout bonnement qu'une narration rimée; mais un peu trop maligne. La mienne était beaucoup plus réservée, et aurait eu certainement, si je l'avais livrée à la presse, autant de partisans que l'autre: car, en toutes choses, l'excès ne vaut rien.

Je placerai çà et là, dans ce voyage, quelques lambeaux de mes pauvres vers: c'est une faiblesse paternelle qu'on me pardonnera. Je demande grâce d'avance, pour les fautes qui pourraient s'y rencontrer: on comprend bien que je ne les produis pas ici comme modèle de poësie, sachant bien les mettre à leur juste valeur; mais; comme la faible production d'un cerveau, qui jamais n'a senti *du ciel l'influence secrète.* J'ai la manie de rimer: m'en empêcher, serait me contrarier infiniment: pourquoi ne me serait-il pas permis de versifier ma prose? *Quel mal cela fait-il?*

La campagne de 1826, que je fis à Terre-Neuve, sur le navire *Euphrosina*, commandé par M. Adelue, capitaine au long cours et enseigne de vaisseau, laissera dans mon cœur un souvenir ineffaçable.

Il y avait peu d'heures que nous avions eu connaissance du trois-mâts *La Belle Julie*, de Granville, quand ce grand navire sombra, vers les six heures du soir, percé par une masse de glace : on eut à déplorer la perte d'une grande partie de son nombreux équipage.

Le navire *La Nathalie* avait subi le même sort, le 28 mai 1826, à huit heures du soir, avec d'affreuses complications.

Le port de Granville, d'où sortaient ces deux beaux bâtiments, fut plongé dans la plus cruelle consternation, ainsi que les localités intéressées à cette perte irréparable.

La banquise, cette année là, était, d'après le témoignage des plus vieux marins, comme on ne l'avait jamais vue : certaines glaces échouées à la côte, offraient plus de cent mètres d'épaisseur du sommet à la base ; et nous restâmes, pendant quarante jours, au milieu de ces écueils, d'où venaient de surgir de si tristes nouvelles.

L'horrible naufrage de *La Nathalie* a été peint d'une manière bien touchante par M. l'abbé Daniel, officier de la légion d'honneur, et recteur de l'Académie de Caen.

Cet ouvrage, qui ne laisse rien à désirer sous le rapport du style, est d'une exactitude malheureusement trop vraie, quant aux faits accomplis dans ce moment fatal. Que de larmes il m'a fait verser, en me retraçant la perte de plusieurs de mes meilleurs amis, engloutis dans l'abîme ! On me permettra de rappeler quelques épisodes de cette affreuse catastrophe, à laquelle je ne demeurai pas étranger :

Quœque ipse miserrima vidi

Arrivé au havre du Cap Rouge, où furent transportés trois naufragés, échappés à la mort comme par miracle, et qui étaint restés sur les glaces, pendant douze ou quatorze jours, sans vivres ni boissons, par une température des plus froides, je fus informé du pressant besoin qu'ils ressentaient d'obtenir du secours.

Ces infortunés étaient M. Houiste, second capitaine de La Nathalie, Jeoret et Pottier, matelots, tous les trois compagnons de malheur, et sauvés par une goëlette anglaise.

Comme je me disposais à partir, je reçus, du doyen des chirurgiens du commerce, une invitation de me rendre à l'habitation de M. Hélin, armateur de Granville, faisant pêche au fond du havre du Cap Rouge ; j'y trouvai trois de mes confrères, m'attendant auprès du lit de douleur de ces pauvres naufragés.

M. Houiste avait la physionomie d'une personne dont une longue et douloureuse fièvre typhoïde aurait altéré tous les traits. Il avait conservé l'usage de ses membres, frappés d'engourdissement ; mais dont l'état normal ne laissait, pour l'avenir, aucune inquiétude sur l'exercice de leurs fonctions : il n'en était pas ainsi de Jeoret ni de Pottier : ils avaient les doigts des pieds sphacélés par l'effet de la congélation (1) ; des figures délabrées, un teint cadavéreux : en un mot, leur aspect inspirait à la fois l'horreur et la pitié.

J'opinai pour que l'on fît tout de suite la *résection* des orteils, aux articulations saines, afin de seconder les efforts de la nature ; et je me proposai comme opérateur.

Mes trois confrères ne se rendirent pas d'abord à la justesse de mes observations ; mais, quelques jours après, j'eus la satisfaction de voir mon opinion favorablement accueillie par M. le chirurgien-major de la frégate de l'Etat ; et il opéra ces deux malades, avec tout le succès qu'on avait le droit d'attendre de son habileté.

J'avais mis, ainsi que mes confrères, mon linge à pansement, ma charpie et tous mes médicaments à la disposition du chirurgien de M. Hélin : c'eût été pour moi une bien douce satisfaction d'avoir contribué, de tout ce que je possédais au soulagement de telles souffrances ; mais ces naufragés furent confiés aux soins du chirurgien-major, qui les

(1) La congélation et la brûlure, quoique tout à fait opposées, produisent des effets absolument semblables, sous le rapport de la désorganisation des tissus, du sphacèle et de la gangrène.

dirigea vers la station du havre du Croc, où ils reçurent tous les secours que réclamait leur position.

Depuis ces horribles malheurs, la navigation parmi les glaces se fait avec beaucoup plus de prudence qu'autrefois : c'était, en effet, le pot de terre contre le pot de fer. Je me rappelle avoir entendu dire bien des fois à bord, mais il y a fort longtemps : Nous allons *bourlinguer* les glaces : Voilà de ces vieilles expressions de marin, que, Dieu merci ! l'on ne met plus en pratique aujourd'hui dans les mers glaciales ! Pourquoi les hommes ne deviennent-ils prudents qu'au prix des expériences les plus désastreuses ?

Avant le départ de France, il serait bon que la commission sanitaire, établie dans les ports où l'on fait de grands armements, veillât à ce que les armateurs fussent tenus de mettre à la disposition du chirurgien au moins deux couvertures de laine et deux matelas, destinés à coucher les malheureux malades qui n'auraient par eu le moyen de s'en procurer ; et qu'à bord, on plaçât les malades à peu de distance d'un panneau, ou d'un poste, afin qu'ils respirassent un air plus pur que celui du milieu d'un entre-pont : air qui est toujours nauséabond et vicié. Une fois à terre, quand on y doit séjourner, il serait utile d'isoler les malades dans un local particulier et à l'abri des injures de l'air.

A Terre-Neuve, les cabanes construites pour les

équipages, sont habitées par un grand nombre d'hommes à la fois, faisant, jour et nuit, bruyant tapage, surtout dans la saison de la pêche. Les portes sont ouvertes à chaque instant, et des courants d'air froid et humide peuvent arrêter brusquement une transpiration, dont la durée, pendant un ou plusieurs jours, peut rendre à la santé des sujets, que la mort enlèverait infailliblement, si cette sueur de crise n'était pas méthodiquement observée.

Indépendamment de cet inconvénient déjà grave, les hommes sérieusement malades, ne pouvant fermer l'œil, troublent, par leurs continuelles lamentations, le sommeil de leurs camarades, qui, de leur côté, en ont souvent un pressant besoin.

En effet, dans le moment où la pêche donne avec abondance, le matelot prend certainement bien à gré de passer tranquillement, dans son lit, les quatre ou cinq heures de repos qui lui sont accordées sur vingt-quatre. Que peut-il advenir de cette confusion des sains avec les malades ? Une augmentation fâcheuse du nombre de ces derniers.

Si, pendant plusieurs jours, des hommes mouillés, exténués de fatigue, ne peuvent dormir une minute, à cause du bruit que font les malades, ne se trouvent-ils pas bientôt eux-mêmes dans l'impossibilité de travailler, par suite du développement de cette maladie, connue sous le nom de courbature, ou par d'autres affections non moins graves ?

Qu'en résulte-t-il ? Des pertes énormes pour l'armateur, car les journées d'un bon pêcheur sont d'un très-grand produit.

Ainsi, je ne crains pas de le dire, et cet avis s'adresse à Messieurs les amateurs, il y aurait véritable économie pour eux, indépendamment de toute considération de patriotisme et d'humanité, à faire construire, pour les malades, une petite cabane servant d'infirmerie, et qui serait placée dans le voisinage de celle du chirurgien : ce local, peu dispendieux d'ailleurs, ne serait destiné qu'à recevoir les individus dont l'isolement deviendrait de stricte rigueur.

Comme, d'ailleurs, le pays de Terre-Neuve est bien sain, on y voit rarement des fièvres de mauvaise nature : tant mieux donc, si le lieu destiné à recevoir, fiévreux, blessés, etc. pouvait être vacant durant le séjour dans l'île ! Toutefois, ce que je propose est une mesure de prudence, de propreté et de salubrité, contre laquelle on n'a pas à craindre d'objection sérieuse, quand on s'adresse à des Français, à des chrétiens.

CHAPITRE II.

Nouveau départ de Granville. — Vue du mont St-Michel. — Réflexions qu'elle inspire. — Organisation du service à bord. — Ordre du personnel aux repas. — Nourriture des matelots. — Exercices religieux. — Agréments de la vie de marin. — Côtes de Bretagne. — Phares et feux. — Impression nouvelle dans l'Atlantique. — Tempête. — Mal de mer ; causes présumées. — Persistance de quelques indispositions. — Formule médico-gastronomique.

Le mardi 11 mai 1847, à deux heures de l'après midi, je m'embarquai à Granville, sur le navire *Les Deux Sophies*, commandé par M. L. Renaudeau, capitaine au long cours.

L'appareillage s'opéra avec beaucoup de promptitude et de dextérité; et le second capitaine fit immédiatement l'appel de l'équipage. Chacun ayant répondu : *présent*, on renvoya du bord les hommes de corvée, et l'armateur sut bientôt, par un de ses commis, que les matelots engagés étaient tous à bord (1).

(1) La gendarmerie est à l'instant mise en réquisition, pour arrêter celui qui manque son navire, après avoir touché ses avances.

Nous ne tardâmes pas à être enlevés par la marée, dont le rapide courant, favorisé par les vents d'est, nous eut bientôt fait sortir de la baie ; nous vîmes disparaître à nos yeux, les terres élevées de Granville, les riches communes de St-Pair, Bouillon, Caroles, St-Michel-des-Loups et Champeaux.

Ici la côte forme une pointe ou cap, au delà duquel, nous découvrîmes la vaste baie de Cancale. Au fond de ces grèves embarrassées de bancs, fléaux des navires, s'élèvent, comme sur un énorme môle, les constructions si pittoresques du mont St-Michel, autrefois paisible retraite de pieux cénobites. Aujourd'hui ce triste asile offre un aspect sinistre, et ne rappelle à l'esprit que des souvenirs lugubres, des pensées amères. Dans son enceinte, jadis consacrée aux exercices de la vie religieuse, gémissent des condamnés politiques et autres, expiant leurs crimes et leurs excès, sous un régime sévère, et dans la privation de leur liberté. Mes compagnons de voyage et moi, nous ne pouvions nous empêcher de faire quelques réflexions sur notre propre existence, comparée à la misérable condition de ces malheureux, privés de tant de biens dont nous jouissons, et surtout de cette douce liberté, le plus précieux des avantages, après le repos de la conscience, pour des cœurs honnêtes. Combien de victimes de perfides conseils sont détenues là ! Combien de ces énergumènes furieux, pour qui le désordre est un besoin, et que leur exaspération politique a conduits au crime et au déshonneur ! Vouons au plus souverain mépris ces êtres dépravés, qui trouvent une sorte de bonheur à entraîner avec eux dans le précipice de paisibles citoyens, qui peut-être n'étaient pas nés pour le crime, mais que de funestes suggestions ont rendus coupables. Honte éternelle aux suborneurs, aux ambitieux égoïstes, déshonneur de l'espèce humaine, et que la nature semble n'avoir mis au jour que pour le malheur de leurs semblables ! *Opprobrium hominum, et abjectio plebis.* Séducteurs hypocrites, Pharisiens de places publiques, mille fois plus criminels que les insensés qu'ils égarent par leurs théories subversives !

Quelle immense distance, disions-nous, entre la vie des gens de bien, et celle des êtres que le vice a dégradés ! Nous goûtons les douceurs d'une existence calme et respectée, tandis que les pervers sont privés de tout repos, et veillent dans les alarmes. Livrés sans cesse à d'importunes réflexions, en proie aux cuisants remords que leur cause leur infâme conduite, la vie ne doit être pour eux qu'un insupportable fardeau : aussi, s'exposent-ils volontiers au risque de la perdre, soit par désespoir, soit par haine et par envie contre les gens de bien. Et néanmoins, combien de ces hommes perdus sans ressource, et qu'un seul écart de jeunesse, un moment de folie a égarés pour jamais !

Dans le crime il suffit qu'une fois on débute,
Une chute toujours entraîne une autre chute,
L'honneur est comme une île, escarpée et sans bords ;
On n'y peut plus rentrer, dès qu'on en est dehors.

Tandis que nous nous livrions à ces pénibles réflexions, notre navire faisait route au N.-O., et le capitaine donna l'ordre d'organiser le service.

On y procède en désignant d'abord les hommes reconnus capables de faire le quart. On choisit toujours, pour cela, les marins d'élite, qu'une expérience continuelle de la mer a rendus de plus en plus habiles ; et ils ne le sont jamais trop dans les moments critiques, comme il s'en rencontre souvent en pleine mer, et principalement sur les côtes. Il y a deux quarts principaux : celui de *tribord* et celui de *babord* (1). On donne à l'homme de barre, ou *timonnier* (2), la route à suivre ; il gouverne à l'aire de vent qui lui est assigné ; et si les vents viennent à devenir contraires, il en fait part à l'of-

(1) Quand on a les yeux fixés sur l'avant du navire, tribord est à droite et babord est à gauche.

(2) Marin chargé d'imprimer au gouvernail les mouvements convenables à la direction du navire ; ce que l'on exprime en termes de marine, en disant : nous avons, ou nous n'avons pas le cap en route.

ficier, qui commande immédiatement la manœuvre nécessaire pour voguer au plus près de la route à suivre, afin d'utiliser, autant que faire se peut, un temps précieux, en profitant de tous les moyens susceptibles de faire arriver le navire à sa destination, sans l'éloigner beaucoup de la ligne qu'il doit parcourir. Dans la nuit la plus obscure, les compas de route sont éclairés par les lampes de l'habitacle, et, de ses verres à réflexion, tenus à l'abri des injures du temps, on voit jaillir la plus brillante clarté.

On voyage au sein des ténèbres, comme aux beaux rayons du soleil. A bord des navires, quelques hommes ne sont pas assujettis au quart; dans ce nombre se trouvent : le capitaine, le chirurgien, le maître d'hôtel (1), le maître charpentier, le cambusier, les voyageurs et les passagers.

L'ordre le plus parfait doit régner à bord d'un navire, comme dans les quartiers militaires; c'est pour cela que chacun, connaissant son poste, ne l'abandonne que par l'ordre de ses chefs.

Pour ce qui est des repas, sur les bâtiments du commerce, on met à chaque plat six hommes et un mousse; ce dernier est considéré comme le domestique des matelots, et il l'est de fait: c'est lui qui a soin de bien laver la gamelle, de tailler le pain pour la soupe, de mettre dans la chaudière le fin

(1) Cuisinier de l'état-major; on l'appelle aussi *chef*.

morceau de lard, qu'une brochette en bois, portant le numéro du plat, traverse d'outre en outre, et à laquelle la viande reste solidement fixée, à l'aide d'un fil à voile. Le mousse la plonge dans la chaudière du coq (1), jusqu'à parfaite cuisson, ou du moins jusqu'à l'heure de tremper la soupe.

Les matelots, à bord, font trois repas, comme les officiers: le matin, à huit heures, ils déjeunent de pain et de beurre, et ont pour boisson un verre et demi de cidre; à midi, ils mangent de la soupe et de la viande fraîche, depuis le départ jusqu'au moment où il n'y en a plus de suspendue à l'étai; la ration, en viande fraîche, est de 250 grammes par homme; celle des liquides reste la même à chaque repas; le pain est à discrétion, mais avec grande recommandation de n'en point perdre. Le pain ni l'eau ne se refusent pas aux matelots du commerce, à moins que, contrarié par le temps, le capitaine ne juge convenable de les distribuer aussi par rations. Ce soin est de la compétence du maître cambusier. Les plats sont disposés selon les grades: ainsi, les maîtres mangent ensemble; ils ont un demi-verre de cidre de plus que les autres, et certaines bonifications particulières.

Quand il n'y a plus de viande fraîche, il est dis-

(1) Tel est le nom du cuisinier de l'équipage; et sa cuisine, à terre, se nomme *coquerie* (de *coquere*).

tribué, chaque jour, 192 grammes de lard, par homme, et autant de pommes de terre. Le repas du soir se compose d'une soupe et des débris du dîner.

Le vendredi, l'équipage mange de la morue et des pommes de terre, à midi; c'est le seul jour d'abstinence. Tel est le régime des matelots, dans le voyage à Terre-Neuve. Les repas de ces derniers se font sur le pont, par beau comme par mauvais temps; et la gaieté, compagne ordinaire des gens de mer, est toujours de la partie.

Le matin, à huit heures, on fait sonner la cloche pour le changement de quart, et pour la prière en commun. Un des hommes de l'équipage, reconnu pour bien chanter, est immédiatement installé comme célébrant. Le matin, il chante des hymnes à la sainte Vierge, et termine par l'angelus; le soir, à six heures, il en est à peu près de même. Les dimanches et les fêtes, il entonne le *dixit*, le *magnificat*, le *nunc dimittis*; et l'*angelus*, accompagné d'un cantique à l'usage des gens de mer. Chaque prière terminée, on adresse à Dieu l'invocation suivante: « Que le bon Dieu sauve le navire, le capitaine et l'équipage, et nous donne bon voyage! »

On se met à table, après chaque prière; et les officiers, quand ils se portent bien, mangent, de bon appétit, au carré de l'état-major, à l'abri des injures de l'air, tandis que les matelots, sur le pont, n'agissent pas moins gaiement autour de la gamelle.

Parler de la nourriture des officiers serait chose inutile : elle est bonne partout. L'armateur doit le café à ces Messieurs, deux jours la semaine : le jeudi, et le dimanche. S'il leur prend fantaisie de faire usage, les autres jours, de ces bonnes infusions aromatiques, ils le peuvent fort bien ; mais à leurs dépens, pour ce qui est du sucre seulement : l'armateur fournit toujours l'eau-de-vie.

Bien des gens s'imaginent qu'à la mer on doit beaucoup s'ennuyer : c'est une erreur : en prenant, après le dîner, une bonne tasse de café, on fume une pipe, au moment de la pause que l'on nomme *gloria ;* on raconte une foule de jolies historiettes, qui font rire, et aident à passer le temps. Notez, d'ailleurs, qu'on n'est jamais seul à la mer : à chaque instant, on annonce la présence de quelques navires ; on les approche, on leur parle ; ils vous donnent des nouvelles, tantôt du pays d'où vous partez, tantôt de celui où vous allez ; et il n'existe rien au monde qui puisse vous procurer une aussi douce satisfaction. Cette variété dans les conversations, ces incidents, ces exercices de manœuvre, et surtout ces bons enfants avec lesquels vous êtes en rapport, vous font, en quelque sorte, jeter un regard de souverain mépris sur les fourberies de faux amis, que vous avez laissés loin derrière vous ; les braves gens qui vous entourent, vous rappellent, au contraire, par leur franchise, les amis véritables que vous avez l'espérance de revoir.

Tandis que nous nous occupons de ces détails, notre navire, cinglant sous toutes voiles, à peu de distance des côtes de Bretagne, nous eut bientôt fait perdre de vue le triste aspect du mont Saint-Michel; alors les sombres pensées que nous avait inspirées cet asile du crime, furent bientôt remplacées par le riant souvenir des fêtes champêtres, si originales et si gaies, du pays breton.

Qu'on ne se méprenne pas cependant: si, de loin, les côteaux qui bordent et dominent les rivages, offrent un aspect assez riant, il n'en est pas ainsi des côtes elles-mêmes. Hérissées d'écueils, elles sont un épouvantail pour les marins, et seraient souvent le théâtre de nombreux naufrages, si une quantité de phares, échelonnés sur le littoral, n'en annonçaient les dangers, et n'éclairaient les navigateurs sur la route à suivre.

On est bien heureux, pour sortir des parages de la Manche, d'avoir affaire à des officiers instruits, expérimentés, vigilants et doués d'une grande prudence.

Jour et nuit, le capitaine et les officiers ont les yeux fixés sur les cartes, surtout quand les brumes et les mauvais temps les empêchent de découvrir, à l'œil nu, la route qu'ils doivent tenir pour leur salut, et celui de leur équipage. Ils s'empressent, à tout instant, quand ils ont eu connaissance d'un feu, ou d'une terre quelconque, de relever, au compas, tous ces points, qui doivent leur servir de guides, pour aller en reconnaître d'autres : enfin ils n'omettent rien pour franchir heureusement les dangers qui les environnent, et arriver saufs à leur destination. Le mercredi, 12 mai, veille de la fête de l'Ascension, nous étions à louvoyer parmi tous ces écueils ; mais par un beau temps, qui nous en permettait, de loin et sans crainte, l'horrible contemplation.

Au nombre de ces roches formidables sont : la Horaine, Barnouie, Gautier, les Minquiers, etc.

La Horaine est un rocher extrêmement dangereux, pour le passage du raz de Bréhat, à peu de distance de la côte de Bretagne ; entre ce rocher principal et la terre, sont encore d'autres rochers non moins à craindre ; la Horaine s'élève de sept mètres au-dessus du niveau de la mer, dans les plus grandes marées.

Le 12, à minuit, le feu de St-Malo fut relevé au S. 1/4. S.-E. ; et celui du cap Fréhel au S.-O.

Cette même journée, à huit heures du matin, l'officier de quart avait relevé la Horaine dans l'ouest-sud-ouest du compas. Ce redoutable écueil est situé à cinquante milles marins environ, de l'île de Bréhat.

La roche Barnouie s'élève aussi à 7 mètres 30 centimètres au-dessus de l'eau, et la roche Gautier, située au N. N.-E. de cette dernière, laisse apercevoir sur la mer une élévation de 5 mètres. Vient ensuite une chaîne de rochers tenant au platier des roches Douvres ; ces rochers sont toujours apparents, et ne laissent entre eux qu'un étroit passage.

A l'est du passage du Raz, surgit l'immense et dangereux platier des Minquiers, fort à craindre à cause de la violence de ses courants, occasionnée par l'élévation de ces innombrables rochers.

Les phares et les feux sont des secours essentiels aux navigateurs ; aussi l'administration générale des ponts et chaussées a veillé, avec la plus bienveillante sollicitude, à l'établissement de nombreux phares, aux endroits périlleux.

En partant de Granville, pour sortir de la Manche, vous rencontrez le feu du roc ou cap Lihou, feu sans utilité pour le départ, qui s'opère souvent de beau soleil ; mais il n'en est pas de même pour le retour, qui peut avoir lieu à toute heure de nuit : par sa brillante clarté, en rapport avec celle du phare de l'île de Chausey, et visible à la distance de 15 milles marins, ce feu fixe est un flambeau de salut pour entrer dans Granville.

Celui de Chausey, visible à une portée de 12 milles marins, fait briller ses éclats lumineux à toutes les minutes.

Le feu du cap Fréhel est à éclipses et d'une portée moyenne de 18 milles marins.

Sur les héaux de Bréhat, paraît aussi un feu fixe, dont la portée est également de 18 milles.

Celui des Sept Iles est à éclipses et de 9 milles de portée.

En suivant la direction ordinaire pour sortir de la Manche, on rencontrerait, en passant près des Sept-Iles, les Feuillées, et même la partie nord des Triagons ; mais on peut éviter ces écueils, en ayant recours au feu à éclipses de l'île de Bas ; ce feu a une portée de 24 milles, mais peut quelquefois être vu de 33 à 36 milles.

Afin de prévenir les naufrages, qui, malheureusement, ne seraient pas rares, sur cette côte de Bretagne, offrant les plus grands dangers, surtout aux approches de l'Abervrack, on a eu la sage précaution d'élever, sur un îlot nommé *l'île Vierge*, un feu blanc, varié de quatre en quatre minutes, par des éclats rouges, précédés et suivis de courtes éclipses.

Ce feu est allumé depuis le 15 août 1845.

Je ne m'étendrai pas davantage sur ces détails de notre navigation ; quelque intérêt qu'ils présentent pour les marins, peut-être paraîtraient-ils fastidieux pour le commun des lecteurs ; d'ailleurs ils ont été traités plus d'une fois par les écrivains.

Je ne dois mentionner que les faits dignes de quelque attention.

Nos voiles ne cessant pas d'être gonflées par une bonne brise d'E. N.-E., nous dîmes adieu à la terre de France, dont l'île d'Ouessant semblait nous annoncer la fin ; et nous ne vîmes bientôt plus le beau phare, bâti sur la pointe N.-E. de cette île, et dont le feu fixe est d'une portée de 18 milles.

Nous fûmes rapidement poussés au milieu de l'Océan atlantique. L'isolement où l'on se trouve alors, impressionne très-vivement les individus qui n'ont pas l'habitude de naviguer. Le fait de se voir, pour la première fois, entre le ciel et l'eau, loin de leurs parents et de leurs amis, les plonge d'abord dans une cruelle consternation ; mais, par bonheur, ce sentiment n'est pas de longue durée ; s'il en était autrement, nul doute qu'ils ne fussent atteints de la maladie dite *nostalgie*, ou *maladie du pays*, ou *de retour* : telles sont les dénominations sous lesquelles elle est connue. Mais d'utiles distractions venant à leur secours, empêchent l'invasion de la maladie, ou la guérissent infailliblement. Les jeunes marins, bien habitués à ce genre d'exercice, et généralement d'un naturel gai, leur demandent s'ils savent chanter ; et, sur l'affirmative, on entonne en chœur plaisants couplets, joyeux refrains; si le voyageur attristé ne peut chanter lui-même, il écoute au moins les chants de ces enfants de la joie, chez qui le chagrin n'a jamais engendré de mélancolie. Rien de plus gai que de voir ces marins, contents de leur sort, se promener sur le pont, en répétant de naïves romances, ou des chansons pleines d'en-train ; rien de plus propre à chasser les idées sombres, à ramener la joie et la sérénité dans l'âme : point de procédé hygiénique plus efficace que celui-là : comme il vient de source morale et s'attaque au moral, il l'emporte sur tous les médicaments du monde, pour guérir une affection déterminée uniquement par l'ennui, mais dont les suites sont souvent fort dangereuses, quelquefois même mortelles.

Nous fûmes favorisés par les vents, jusqu'au moment où disparurent à nos yeux tous les dangers de la Manche ; mais, à ce beau temps, succéda bientôt une violente tempête, qui pourtant ne nous força pas de mettre à la cape, à cause de la bonne marche et de la solidité de notre navire. La mer semblait n'offrir de toutes parts que des précipices ouverts pour nous engloutir ; les flots courroucés s'élevaient à une hauteur prodigieuse, et la fin prochaine de tout l'équipage semblait inévitable, aux jeunes gens que nous avions à bord pour leur première campagne. En vain, leur prodiguait-on des consolations et des motifs d'espérance ; ils ne cessaient de s'écrier : « Mon Dieu, sauvez-moi la vie ! adieu mon père et ma mère ; je ne vous reverrai plus ! Pardon, mon Dieu ! que je suis malheureux d'être ici pour me voir noyer ! » Et d'autres semblables lamentations : car, à l'aspect d'un danger plus ou moins réel, tout respect humain est banni, et nous entendions tout ce que le désespoir peut arracher du cœur d'un homme qui se croit à deux doigts de sa perte.

Mais la tempête finit par se calmer ; le tumulte des flots s'apaisa, et les esprits furent bientôt rassurés ; alors les vives terreurs dont avaient été saisis nos jeunes marins, les abandonnèrent, et ils se seraient trouvés dans une position satisfaisante, si d'autres troubles physiques n'étaient venus attrister leur état moral.

Pendant le mauvais temps, le mal de mer s'était fait sentir, même parmi plusieurs vieux marins, mais, plus spécialement, chez les jeunes sujets, faisant leur première excursion sur la haute mer. J'ai moi-même éprouvé du malaise, quoique habitué d'ancienne date à ces sortes de voyages. Le mal, chez moi, consistait en une simple indisposition ; mais il n'en était pas ainsi de beaucoup de nos hommes, qui en furent terriblement malades. Plusieurs écrivains ont parlé du mal de mer, comme d'une indisposition passagère : ceux là ne le connaissaient pas ; et c'est ce qu'on peut appeler : parler pour ne rien dire.

J'ai eu l'honneur, pendant mon séjour à Paris,

d'être le disciple de M. le baron Larrey (1), qui me considéra bientôt comme un de ses meilleurs amis, et avec lequel je n'ai pas cessé d'être en correspondance, jusqu'au moment où le monde a eu à déplorer la perte de cet homme savant et vertueux. Voici l'opinion de cet habile médecin, au sujet de cette maladie, qu'il a eu, comme moi, l'occasion d'étudier dans ses voyages d'outre-mer.

Malheur à celui que son idiosyncrasie rend impressionnable aux causes qui produisent ce mal! car c'est bien le plus incommode et le plus pénible, dont l'homme destiné à la navigation puisse être atteint.

Cette maladie se déclare, avec plus ou moins de violence, chez ceux qui, pour la première fois, entreprennent des voyages de long cours; cependant, il est des personnes qui en sont à peine incommodées, ou qui, ayant supporté une première épreuve, bravent ensuite toutes les tempêtes sans nouvelle indisposition, tandis qu'il en est d'autres, qui, même après plusieurs campagnes, sont constamment malades pendant le gros temps, et ne peuvent se préserver de cette singulière affection. Nous tâcherons de donner les raisons de cette différence, en parlant des causes qui produisent le mal de mer.

(1) C'est l'homme le plus vertueux que j'aie connu (Testament de Napoléon).

Les symptômes en sont généralement connus ; mais il s'agit d'en expliquer les phénomènes. Tant que le vaisseau conserve son équilibre, et qu'il a une marche ferme et régulière, quelque rapide qu'elle soit, l'homme embarqué n'éprouve aucune indisposition ; mais si les courants d'air contrarient la marche du vaisseau, ou que, par suite d'un coup de vent, il soit ballotté par les flots, le marin ressent les effets des deux principaux mouvements, auxquels le bâtiment est alors soumis. Le premier de ces mouvements est désigné sous le nom de *roulis ;* c'est celui par lequel le vaisseau est agité de tribord à babord, avec plus ou moins de force ; le second mouvement se nomme *tangage* ; il consiste dans l'élévation et dans l'abaissement, alternatifs, de la proue et de la poupe. Dans le premier cas, celui qui n'a pas d'expérience, se persuade que le bâtiment doit chavirer ; dans le second, il craint de se voir descendre dans l'abîme. L'imagination est d'abord frappée de ces mouvements désordonnés ; à cette première cause morale, qui n'existe pas chez les vieux marins, s'en joint une physique. Ces mouvements contre nature impriment des secousses, dont les effets se concentrent au cerveau, la partie du corps la plus impressionnable, par sa masse, sa mollesse et son peu d'élasticité. Les molécules de cet organe, après avoir éprouvé une sorte d'ébranlement, sont affaissées sur elles-mêmes ; et de là tous les symptômes qui caractérisent le mal de mer.

Plus la masse du cerveau est grande, et d'une consistance molle, plus cet organe est accessible à l'impression de ces causes ; c'est ce qui fait que les jeunes gens, et ceux chez qui le cerveau est très-volumineux, sont les plus sujets au mal de mer. Les personnes avancées en âge, dont le cerveau est diminué de volume, et offre d'ailleurs plus de consistance que chez les jeunes sujets, sont moins exposées à cette maladie. Les habitants des côtes maritimes et des climats froids, chez lesquels la masse cérébrale est moins développée que chez ceux qui habitent les pays chauds et l'intérieur des terres, s'accoutument beaucoup mieux aux vicissitudes de la navigation ; ils sont moins sujets au mal de mer (1).

Le premier effet de cette secousse cérébrale est la tristesse, et une terreur panique qui s'empare de l'individu. La pâleur couvre son visage ; ses yeux se baignent de larmes ; il a du dégoût pour les aliments ; il garde le silence, cherche la solitude et le repos ; il chancelle comme dans l'ivresse ; il éprouve

(1) On ne saurait déterminer au juste les causes de cette différence; mais l'expérience nous apprend que tous les êtres animés, ainsi que les plantes, soumis aux influences des vents ou des gaz provenant de la mer, surtout sur les côtes exposées au nord, sont d'ordinaire gênés dans leur développement général ou partiel, et entretenus dans un certain degré de compression et de petitesse relatives.

des vertiges, des tintements d'oreilles, et une incommode pesanteur à la tête ; des nausées se déclarent, et, bientôt après, les vomissements, qui deviennent fréquents, douloureux, et persistent jusqu'au moment où la cause cesse. Ces vomissements, symptôme principal de la maladie, sont quelquefois accompagnés d'effusion de sang, et de mouvements convulsifs. Ils sont sans doute déterminés par l'irritation sympathique ou le trouble, qui survient aux deux cordons des nerfs *pneumo-gastriques*, 8e *paire*, sur l'origine desquels les effets de l'ébranlement du cerveau paraissent se concentrer ; et, comme ils se distribuent presque en entier à l'estomac, ce viscère doit recevoir le premier l'impression de cette affection morbide, qui se communique sympathiquement à tous les organes de la poitrine et du bas-ventre. Il en résulte des défaillances, de l'oppression, suppression dans les excrétions alvines, constipation opiniâtre et plus ou moins prolongée. Les forces du malade diminuent sensiblement et s'épuisent, les jambes ne supportent plus le poids du corps; et lorsque l'individu fait des efforts pour marcher, il perd l'équilibre, et tombe, comme un homme qui est dans l'ivresse ; il se tapit dans le premier recoin ; il y reste immobile, jusqu'au moment où les vomissements le forcent à changer de place.

La nutrition est suspendue, puisque le malade ne peut garder aucune espèce d'aliment.

La maigreur se déclare et va en augmentant; les facultés intellectuelles s'affaissent, par suite des souffrances de tous les organes de la vie animale; et cette altération est souvent portée à un si haut degré, que, loin de redouter la mort, comme dans la première période de la maladie, la plupart des individus, arrivés à ce degré, la désirent; et quelques-uns même cherchent à se la donner, comme on en a vu des exemples.

Cette maladie aurait, sans doute, une terminaison fâcheuse, si elle était d'une longue durée; mais il est rare que les causes qui la produisent, conservent le même degré d'intensité, au-delà de sept, huit ou neuf jours.

Lorsque la tempête a plus de violence, elle cesse aussi plus promptement; le calme y succède presque aussitôt, et cette pause de tranquillité rétablit d'ordinaire les malades, qui se trouvent guéris comme par enchantement, et rentrent dans l'intégrité de toutes leurs fonctions.

Leurs forces se réparent très-vite, et ils ont bientôt perdu le souvenir de tous leurs tourments. Aux premiers vents contraires, surtout en coups de cape, les mêmes accidents se renouvellent, et marchent chez les uns avec la même gravité que la première fois, tandis qu'ils sont bien modifiés chez d'autres; enfin, il est des individus qui n'éprouvent aucune rechute.

Les organes s'habituent par degrés à ces ébranlements ou collisions, et finissent par remplir leurs fonctions sans trouble ni confusion.

Mais, chez certaines personnes, les accidents sont aussi graves à la deuxième et à la troisième campagne qu'à la première. Il est difficile d'expliquer toutes ces différences. Dans tous les cas, c'est le cerveau qui est le plus affecté ; et ce qui le prouve, c'est le soulagement qu'on se procure en se mettant dans un cadre (1) suspendu, et en se couvrant la tête d'un bandeau bien serré.

Tant que l'on est dans cette attitude, le mal de mer est apaisé ; mais il se reproduit, aussitôt qu'on quitte son hamac, et qu'on se remet en contact immédiat avec le navire. Ce mal est très-pénible, sans doute ; mais il est rare que les sujets qui en sont attaqués périssent, à moins qu'il ne s'y joigne d'autres complications ; toutefois le malade peut languir longtemps, et tomber dans le marasme. On connaît bien peu de moyens de se préserver du mal de mer ; on n'en connaît point d'assez efficaces pour s'en guérir. Il faut nécessairement que la cause cesse, pour qu'il disparaisse. Cependant il sera moins violent et de plus courte durée, si, avant les moments de son invasion, on ajoute, aux soins de propreté,

(1) Sorte de lit qui sert, sur les bâtiments, aux officiers, aux passagers et aux malades.

des lotions d'eau fortement vinaigrée, faites sur toute l'habitude du corps, une grande sobriété, l'usage des acides végétaux, mêlés aux aliments et aux boissons, et celui de la pipe avec modération.

On devra éviter l'impression de l'air froid et humide pendant la nuit, et rester le moins possible dans les entreponts, et les endroits de l'intérieur du navire où l'on respire un air vicié et nauséabond, qui dispose d'avance au vomissement. Il faut, en cela, suivre l'exemple des vieux marins, qui, pendant les heures de repos, se promènent sur le pont, où l'air est plus pur, et où, graduellement, on s'accoutume au mouvement du navire et des ondes.

Lorsque le mal de mer est déclaré, il faut manger très-peu, et ne faire usage que d'aliments faciles à digérer, qui aient la propriété d'absorber le suc gastrique, fort abondant dans cette circonstance, et de fortifier l'estomac. Tels sont le biscuit et les croûtes de pain trempées dans du café ou de bon vin, dans de l'oxycrat ou de la limonade.

Pour ceux qui n'aiment ni le café, ni le vin, le thé et le punch léger sont également salutaires; mais il faut éviter les aliments gras et sucrés, les salades, les potages, et toute espèce de légumes. On peut manger un peu de viande rôtie, mais avec modération. Il faut se tenir chaudement, et tâcher de prendre le plus de récréation possible : c'est ainsi qu'on calme les accidents du mal de mer.

Chacun forme des conjectures sur cette singulière affection, et développe une opinion particulière. Laquelle adopter? celle qui sera assurément le plus en rapport avec la droite raison. Je me rappelle avoir entendu raconter, sur le mal de mer, une foule de faits, par lesquels on prétendait en expliquer la cause indubitable. Un chirurgien de marine, dont le nom échappe à ma mémoire, l'attribue au manque d'équilibre, et s'exprime à peu près en ces termes :

Nos fluides, et particulièrement le sang, prennent, dans les organes qui les contiennent, un certain équilibre, d'où résulte l'état normal. Le mal de mer se déclare donc à l'instant même où s'opère la rupture de cet équilibre, de cet état normal.

Quant à la cause immédiate de cette rupture d'équilibre, elle réside dans ce que les physiciens ont nommé l'inertie de la matière : quand notre corps suit le mouvement de balancement d'un vaisseau, les fluides entraînés par le mouvement général, tendent à continuer leur marche suivant un sens, après que les solides sont arrivés au repos, ou marchent déjà en sens contraire. Ainsi le sang quitte le cerveau pour se porter aux parties inférieures du corps, quand celui-ci, après être descendu, et suivant le navire, vient à remonter. Le contraire a lieu, quand le corps, après avoir suivi le navire dans un mouvement de tangage, ou de bas en haut, vient à descendre, le sang tend alors à se porter en excès vers le cerveau.

Le mal de mer serait donc, d'après cette opinion, occasionné plus spécialement par le premier de ces deux mouvements du sang ; c'est-à-dire, par le transport de ce liquide, du cerveau, vers les extrémités inférieures.

A l'appui de cette conjecture, notre docteur montre que tout appel considérable de sang, fait vers un organe quelconque, aux dépens des centres nerveux, produit la même indisposition et les mêmes effets physiologiques que le roulis et le tangage d'un navire. Le malaise produit par l'escarpolette, par un mouvement en rond, par la marche d'une voiture, par celle du chameau surtout, est dû à la même cause. La saignée, et l'emploi que l'on fait maintenant des ventouses monstres, pour dégager les organes centraux, en appelant le fluide sanguin en grand excès dans un membre ; l'attraction du sang déterminée par la grossesse vers l'utérus, produisent aussi des nausées et des vomissements, que rien ne permet de distinguer, au point de vue physiologique, de ceux qui caractérisent le mal de mer.

Après m'être longuement et souvent entretenu sur ce sujet avec des officiers de santé de la marine, j'ai trouvé, dans leurs observations, assez de justesse et de précision, en ce qui concerne les causes occasionnelles du mal qui fait l'objet spécial de ces réflexions ; mais, malheureusement, je n'ai vu nulle part les moyens d'en empêcher l'invasion, chez les sujets que leur organisation prédispose à s'en trouver affectés.

La constipation, pouvant seule prolonger ce mal souvent au delà de 18 à 20 jours, il est urgent d'employer, dès le début, des laxatifs doux, tels que le sirop de fleur de pêcher, les décoctions de pruneau, les lavements, etc. ; on obtient, de cette médication, les plus heureux résultats.

Singulière nature de l'homme ! Pourquoi faut-il que les organes les plus essentiels à la conservation de notre individu, soient aussi les plus susceptibles d'éprouver des dérangements !

Au début de cette campagne, plusieurs de nos hommes ressentirent, dans l'estomac et le bas-ventre, un désordre complet. Les entrailles se trouvant portées de droite à gauche par le roulis, et de haut en bas, alternativement, par le tangage, il en résulta fièvre et constipation ; et, dans cet état, l'estomac, mécaniquement refoulé, provoquait, par son contact avec le diaphragme, des contractions de cet organe.

Des nausées, des vomissements devaient être la suite nécessaire de ces mouvements désordonnés. Afin d'obvier à ces inconvénients, en maintenant les intestins dans une position plus fixe, j'employai une forte ceinture en toile, serrée par le moyen de trois boucles, susceptibles d'être remplacées par des lacets de cuir, ou de fort cordonnet.

Cet appareil, partant du cartilage xiphoïde, se terminait, en largeur, à deux travers de doigt au-dessus de la cicatrice ombilicale.

Ainsi fut mis en pratique, par plusieurs de mes malades, ce procédé, dont l'innocuité m'était parfaitement reconnue ; ils n'en payèrent pas moins, au vieux Neptune, le tribut attaché à son liquide élément. Toutefois ce fait a, comme on le voit, un rapport direct avec les opinions générales de mes confrères et qui sont aussi les miennes. Il est toujours question de défaut d'équilibre, d'agacements nerveux, et d'afflux sanguins vers le centre et les extrémités. Disons donc, pour terminer ce chapitre, que le mal de mer existe depuis la création du monde, et qu'il ne finira qu'avec lui, à moins que la nature humaine, ne se modifie grandement ; ce qui n'est guère probable ; ajoutons, enfin, qu'on a pu dire de fort bonnes choses sur les causes de son développement, mais que jamais médecin n'a pu en préserver celui que son tempérament y rend sujet.

Voulez-vous toutefois un palliatif contre cette étrange maladie, voici ma formule : Deux heures avant de vous embarquer, allez au restaurant ; si vous aimez les huîtres, mangez en quelques douzaines avec du pain et du beurre ; humectez ces aliments à l'aide de bon vin blanc ; que l'on voie paraître ensuite, à l'horizon de la porte, côtelettes d'agneau, fin biftock à l'anglaise, ou quelque mets qui sera le plus de votre goût ; usez à votre appétit de cette nourriture succulente, et arrosez-la de ce bon bordeaux, dont les propriétés digestives sont si bien reconnues. Pour terminer selon les principes, après un si beau commencement, tirez le cordon de la sonnette ; un garçon, leste comme lapin, aura tout de suite franchi les degrés de l'escalier, et, promenant ses regards dans le temple de Momus, où vous aurez pris séance, il s'adressera directement à vous, qui le regarderez, et ce gentil courtier des caveaux, les yeux à demi-baissés, d'un air respectueux, plein d'admiration pour votre bonne disposition à bien vivre, vous aura bientôt demandé, avec cet air de douceur, propre à toucher les cœurs les plus ennemis de la dépense : Que désire Monsieur ? Vous lui répondrez doucement aussi, mais sur un ton annonçant un peu la supériorité : Un café, garçon, avec un verre de vieux cognac. La parole ne sera pas plus tôt prononcée que vous serez servi ; et vous vous empresserez de faire honneur à l'envoi.

Au sortir de cette agréable pause gastronomique, bien lesté, comme votre navire, vous serez à même de lutter contre le tangage et le roulis ; le sang, grâce aux toniques dont vous aurez modérément usé, circulera librement dans vos veines. Pour conserver cet équilibre, dont l'absence constitue le mal de mer, introduisez donc, avant d'être malade, dans la capacité de votre estomac, de bons aliments, dont votre goût aura fait le choix (car vous n'ignorez pas le vieux proverbe : *mets désiré est à moitié digéré*).

Buvez ensuite du bon et du tonique ; c'est ce que je vous repète ; et ne mettez pas mes conseils en oubli..... Que si, malgré ces sages prescriptions, vous veniez à perdre l'équilibre, et à rendre des comptes, vous ne seriez pas, à beaucoup près, autant incommodé que celui qui s'embarque, l'estomac en état de vacuité ; chacun sait qu'il n'y a rien de plus pénible, que de faire des efforts pour vomir, quand on n'a rien dans le ventre. Les aliments que l'on prend, ne manquent pas d'absorber le suc gastrique ; les boissons excitantes et toniques accélèrent la circulation, par leur puissance sur le système nerveux, et s'opposent assez à la rupture de l'équilibre (dont le maintien est si nécessaire), pour empêcher l'invasion du mal de mer ; ou, au moins, pour le convertir en simple indisposition : heureuse métamorphose !

C'est donc avant de s'embarquer, que cette formule culinaire doit être mise en usage : car, une fois à bord et malade, il n'y a plus rien à faire que de se résigner à subir toutes les conséquences de la maladie. Il me semble déjà entendre nos jeunes navigateurs répéter en chorus : En voilà une au moins qui peut s'avaler sans trop de façons, et qui n'a pas besoin d'être dorée ! Reconnaissance à l'inventeur des pilules gastronomico-anti-neptuniennes !

Avouez du moins avec moi, vous que, tant de fois, j'ai préservés d'un mal abominable, au moyen de ce puissant réconfort, que bien des savants ont pris des brevets d'invention, pour des découvertes qui ne valaient pas la mienne.

CHAPITRE III.

Approches de Terre-Neuve. — Premières glaces flottantes, ou banquise éparse. — Variété d'aspects. — Asphyxie des poissons : explications à ce sujet. — Oiseaux et animaux divers de la banquise. — Chasse au veau marin et à l'ours blanc. — Vue de la terre. — Arrivée.

Nonobstant le malaise de plusieurs de nos marins, qui, jusqu'à nouvel ordre, étaient dans l'impossibilité de bien lester leur estomac, notre navire n'en filait pas moins son nœud vers l'île de Terre-Neuve. Le 5 juin, après avoir battu la mer pendant vingt-cinq jours, nous aperçûmes de ces oiseaux que les marins nomment *Godes* : ils sont noirs et blancs, ont le bec pointu ; et leurs pattes larges, palmées et placées sur les parties latérales du croupion, leur procurent l'avantage de nager et de plonger avec une extrême rapidité. Les *godillons* sont un diminutif des godes, j'ai reconnu ces oiseaux pour être de la famille des *Guillemots*. Quand on les aperçoit, on recommande de bien veiller au bossoir (1) : car

(1) On appelle bossoir chacune des deux grosses pièces de bois qui se prolongent en saillie, à l'avant du bâtiment, et qui servent à suspendre les ancres et à les hisser hors de l'eau. C'est à cet endroit qu'est placé *l'homme de bossoir*, à qui l'on crie de temps en temps : *ouvre l'œil devant*.

la vue de ces palmipèdes annonce l'approche des glaces de la banquise : dès le lendemain, en effet, nous nous trouvâmes parmi des glaces éparses et très-volumineuses. On ne peut se faire une juste idée de la Mer Glaciale sans l'avoir vue ; or, bien que, même dans sa partie septentrionale, Terre-Neuve ne s'avance guère au delà du 51e degré de latitude N., les parages de cette île offrent déjà l'aspect de l'Océan glacial ; aspect bien différent de celui de nos mers d'Europe à cette latitude.

Aussi, pour qui ne les a pas contemplés, les phénomènes que présentent les mouvements de ces énormes môles flottants (1), sont en quelque sorte incompréhensibles. La marche a lieu presque toujours vers le sud. Il arrive souvent, après avoir quitté la banquise pour courir au large, que l'on se trouve environné d'une brume, assez épaisse pour qu'on ne puisse distinguer les objets à la distance de huit à dix mètres ; puis, tout à coup, cette brume se dissipe, et se trouve remplacée par la plus brillante clarté. Vous demeurez tout stupéfait, au moment de l'éclaircie, quand, revenant dans les mêmes parages reconnaître la banquise, vous ne voyez plus de glaces, aux lieux où, peu d'heures auparavant, vous aviez rencontré une barrière impénétrable. Ces

(1) Certains navigateurs croient que les glaces coulent, c'est-à-dire disparaissent en s'enfonçant ; d'autres, qu'elles sont enlevées par la vitesse des courants : cette dernière opinion est la seule rationelle.

masses glacées, des dimensions les plus volumineuses, figurent des objets de toute nature : celle-ci vous montre l'image d'une église avec son clocher ; celle-là apparaît avec deux flèches semblables à celles d'une cathédrale ; ici s'élève un superbe portique, suspendu sur des piliers, auxquels les rayons d'un beau soleil donnent l'aspect des plus brillants cristaux ; là, se découvre, dans le lointain, un autre tableau figurant exactement un vaste corps de logis, surmonté de ses toits, et environné de maisonnettes, qui vous font croire à la présence d'une ferme, dont il vous semble voir tous les bâtiments d'exploitation, avec leurs toitures couvertes de neige. On ne finirait pas, si l'on entreprenait de dépeindre l'aspect de la banquise : car elle offre, à la contemplation du voyageur, des milliers d'aspects du plus bel effet, et de la plus étrange diversité.

On rencontre parmi les glaces, à la surface de l'eau, beaucoup de morues privées de vie ; on en sauve le plus qu'on peut : car elles sont toutes bonnes à manger. Je n'en ai jamais vu de détériorées, et je présume que cette parfaite conservation doit être attribuée à l'état d'intégrité où se maintient longtemps la vessie natatoire; cet organe ne se crève que par la décomposition du poisson, et le force ainsi à gagner les parties profondes, quand il ne vaut plus rien. J'ai cherché pareillement la cause de la mortalité elle-même, et je crois l'avoir trouvée. Si, dans une rivière ou un étang, vous apercevez du poisson, chargez à balle votre fusil ; ajustez en dessous et en avant de la tête, de manière à ce que la balle passe le plus près possible du nez du poisson : la rapidité avec laquelle le projectile est lancé, et la violence de la commotion interceptent brusquement l'air vital, et le poisson est tué sans avoir été touché. Cette mort est donc déterminée par une asphyxie subite : or, des effets analogues, mais bien plus puissants, se produisent dans la banquise. Des glaces de dimensions colossales couvrent la surface de la mer, se soulèvent et retombent à la lame avec un fracas épouvantable : il est aisé de concevoir qu'une chute aussi lourde imprime une secousse d'une indicible violence, au liquide en contact immédiat avec ces masses d'une pesanteur énorme. Jouant sur lui comme une machine pneumatique, elles doivent occasionner la mort subite de tous les êtres animés qui se rencontrent dans les couches supérieures des eaux. J'ai soigneusement examiné ces poissons, et je n'ai jamais pu découvrir sur eux les moindres traces de blessures, ni de contusions. Je suis intimement convaincu, vu leur état d'embonpoint, qu'ils périssent faute d'air respirable, dont la suppression s'opère, au moment du refoulement subit du liquide qui se trouve en rapport avec une montagne de glace.

Les glaces varient beaucoup dans leur forme et leur grosseur. On prend fréquemment pour la terre, une glace isolée, dont le sommet semble se perdre dans les nues, par l'effet du mirage : c'est souvent à l'abri de cette congélation monstre, que, par un beau temps, le chasseur rencontre le meilleur gibier de banquise, l'alouette palmipède à pied rouge. Cet oiseau, au plumage mélangé de roux, de brun, de jaunâtre et de blanc, est à peu près de la taille du merle ; il a le bec fin, long et pointu ; l'alouette de banquise est extrêmement grasse, et se nourrit de petites graminées que les glaces enlèvent avec elles, en se détachant de la terre ; la chair de cette alouette est bien préférable à celle des autres oiseaux aquatiques, qui se trouvent en immense quantité dans ces froids parages. Les autres oiseaux sont : des mauves de toute espèce, des goëlands, des *guillemots*, des plongeons, des *dadins*, des *calculots* et des canards de toute sorte (1), entre autres des canards noirs, dont le bec offre, à son origine et à la partie supérieure, une belle membrane rouge, qui se termine un peu au-dessous des narines : ces oiseaux, en général, sont très-huileux, et, malgré les précautions qu'emploie le maître d'hôtel, avant de les

(1) Les noms sous lesquels je désigne quelques-uns de ces oiseaux ne sont pas, sans doute, ceux qu'on y a donnés dans l'histoire naturelle ; mais ceux sous lesquels ils sont le plus connus parmi les navigateurs des mers du nord.

servir sur table, il n'en peut jamais faire un mets délicat; mais pourtant on en mange, de préférence au lard, dont on se trouve alors ennuyé.

Sur les glaces plates, se rencontrent les veaux marins et les ours blancs. Les armateurs de l'île de Terre-Neuve font de ces animaux un commerce considérable : depuis le 10 jusqu'au 20 mars, ils expédient de St-Jean, de Carbonaire, du Hâvre-de-Grâce, de Toulinguet, des îles de Fougue, etc., etc., des goëlettes, portant le nom de *loups-marinières*.

Ces embarcations, dont l'extérieur est couvert de bandes de fer, pour les défendre des chocs, sont montées par un nombre d'hommes proportionné à leur tonnage; ceux-ci les conduisent parmi les glaces, au milieu desquelles ils restent *clavés*. Comme les veaux marins sortent de la mer pour monter et dormir sur les glaces, les chasseurs terre-neuviers, armés de gros fusils chargés de poignées de poudre et de balles, courent, de glace en glace, vers ces amphibies et les tuent ; leurs fusils étant déchargés, ils s'élancent sur les animaux qui n'ont pas été frappés, et les étendent raides morts, en leur assénant un coup de bâton sur le nez.

D'ordinaire, les chasseurs n'ont qu'un fusil pour quatre hommes ; mais chacun d'eux a son bâton, ou casse-tête, et un autre plus long, à l'extrémité duquel sont très-solidement fixés un croc et une longue pointe en fer ; dans un fourreau suspendu à un ceinturon, est un couteau à gaîne pour écorcher les animaux. Cette opération s'exécute si vite sur les veaux marins, que celui qui a l'habitude de faire cette chasse, peut en écorcher plus d'une centaine dans une journée.

Voici comment cela se pratique :

D'un seul coup de couteau, il contourne le cou de l'animal, en divisant tous les tissus graisseux jusqu'aux muscles ; du second coup, il coupe la peau d'une des pattes, et la graisse, depuis le cou jusqu'aux nageoires de la queue ; c'est cette partie qui, de concert avec les deux pattes, armées de longues griffes et largement palmées, donne à l'animal la faculté de nager avec la rapidité de l'éclair. Une incision profonde et circulaire étant faite au-dessus des nageoires et de la queue de l'animal, on saisit de chaque côté, à l'aide du croc, la peau avec la graisse épaisse qui s'y trouve attachée, et, comme il n'existe entre elle et les muscles, aucune adhérence, elle se lève entièrement par la moindre traction. Débarrassée de sa graisse, elle forme une branche du commerce des pelleteries.

Les chiens, si fidèles, de Terre-Neuve sont là, munis de colliers, auxquels sont attachées des longes, portant, à leurs extrémités, des crochets en fer ; on fixe les peaux à ces crochets, et ils ont soin d'aller et de venir, pour le transport de ces produits de chasse, à bord du navire auquel ils appartiennent, et qui souvent se trouve éloigné de trois à quatre milles.

La peau de ces veaux marins est employée, par les habitants de Terre-Neuve, à la confection de chaussures, de casaques et de casquettes ; ils tirent de la graisse une huile qu'ils vendent fort cher, et les carcasses de ces animaux servent de nourriture à leurs chiens, aussi bien que les débris des poissons, qu'ils conservent salés, gelés ou desséchés, pour la saison d'hiver.

On rencontre encore souvent, sur les glaces plates, des ours blancs d'une énorme dimension : car beaucoup d'entre eux sont du poids de six à sept cents kilogrammes. Ces cruels animaux sont, en majeure partie, originaires des régions glacées de la baie de Baffin, et parviennent à Terre-Neuve de glace en glace ; ils se nourrissent de veaux marins et de poissons, qu'ils ont à leur disposition journalière. L'ourse blanche, accompagnée de son ourson, affronte tous les dangers ; elle se dirige, avec une effrayante intrépidité, vers le groupe d'hommes le plus formidable, et ne lâche prise qu'à la mort. L'ours qui n'a point de famille à défendre, fuit l'homme, s'il n'est pas affamé ; en cas contraire, il lui faut une proie, et, pour s'en procurer, il brave le feu des chasseurs ; les blessures qu'il reçoit, ne font que le rendre plus terrible ; si elles ne sont pas mortelles, il continue de poursuivre sa proie, pour assouvir à la fois et sa rage et sa faim, et ne quitte l'attaque qu'avec la vie.

On doit juger, d'après cela, que si l'on veut avoir la chance de n'être pas un sujet de tentation pour l'appétit de ces camarades-là, il faut les rencontrer, quand ils sortent d'un repas où ils ont pu manger tout leur soûl. Les goëlettes loup-marinières ont d'ordinaire à bord dix-huit ou vingt hommes. A la première connaissance d'un ours blanc, chaque matelot s'arme d'un long fusil de calibre, chargé avec des lingots de plomb, et, de plus, d'une pique et d'une hache. On lance après l'animal, pour le distraire, quelques chiens, qui ont l'instinct de ne pas trop s'en approcher : pendant ce temps-là, les chasseurs le cernent, et ne manquent pas de le tuer. Ces féroces quadrupèdes nagent souvent vers les bateaux pêcheurs, ils les attaquent pour s'emparer des hommes ; mais ils paient cher leur témérité. Le premier fait de l'animal étant de tenter l'abordage, on doit tous se porter sur le même côté et lui présenter un bord libre. Aussitôt qu'il a posé sa patte sur le bord, on la lui coupe d'un coup de hache, et quand il retombe à l'eau, on lui lance au cou un lacs à nœud coulant, qui met à même de le tuer à coups de haches et de *piquois*, quand on n'a pas d'armes à feu. La peau de ces animaux, quand elle est belle, et qu'elle a été bien enlevée, se vend à Terre-Neuve de quatre-vingts à cent francs. La chair, d'une odeur nauséabonde, ne doit décemment entrer que dans le ventre des Esquimaux pur sang. On ne tue pas assez d'ours blancs, pour faire un commerce spécial de leur dépouille. Il n'en est pas ainsi des veaux marins, des phoques et autres amphibies de cette espèce. Une goëlette montée par vingt matelots, peut rapporter, au bout d'un mois ou de six semaines de séjour parmi les glaces, deux mille de ces animaux. La pêche est alors au grand complet; et chaque matelot reçoit un lot, en rapport avec le produit de l'huile, que l'on vend fort cher, et celui du cuir, dont on fait de belles et bonnes chaussures.

Il serait inutile de donner une description de ces sortes d'animaux : tous les ouvrages d'histoire naturelle faisant mention exacte de leurs formes, je me suis borné à une courte explication sur la manière de s'en emparer, chose que j'ai pratiquée moi-même dans la banquise. Ces animaux voyageurs arrivent du Groenland et de la baie de Baffin à Terre-Neuve; et je pense qu'ils viennent vers cette île chercher une température un peu moins froide, pour y déposer leur progéniture. Les glaces plates, qui souvent en fourmillent, offrent la preuve la plus convaincante de ce fait.

Au moment de sa naissance, le veau marin est tout couvert d'un poil blanc et long; à mesure que l'animal grandit, ce poil tombe graduellement, et l'on voit pousser ensuite un petit poil ras de différentes nuances : car ces animaux ne sont jamais de la même couleur ; il y en a de noirs, de gris, de tigrés, etc., et les peaux sont vendues en raison de la diversité des couleurs. Les sauvages en font des blagues magnifiques, à l'usage des fumeurs ; mais les plus belles sont celles qui sont fabriquées de la peau des pattes, écorchées avec soin, et auxquelles on a la précaution de laisser les griffes.

Le 7 juin, au contentement de tout l'équipage, on entendit crier : *Terre* ! et à midi, MM. les officiers relevaient la pointe N.-E. de Groix, au N.-O. 1/4 O., distance de trente milles. Cette île est éloignée d'environ neuf milles du cap Renard, formant, à tribord, l'entrée du havre de la Conche, et à une distance à peu près égale de Belle-Isle : ce qui fait dire aux navigateurs : *Belle-Isle et Groix*.

Ces deux îles étaient alors couvertes de neige, et présentaient encore le spectacle d'un rigoureux hiver, touchant à peine à sa fin. Les montagnes de l'île de Terre-Neuve nous offraient aussi le même aspect. Le 8, nous étions en vue des hautes terres de la *Cramaillère*, où nous apercevions un navire toutes voiles serrées sous les côtes des *Petites-Oies* : nous fîmes route le long de la banquise, à la présence de laquelle nous n'avions pas cru d'abord.

Une brume épaisse nous enveloppa et nous contraignit à virer de bord ; nous louvoyâmes pendant quelques heures parmi des *couailles* et des *bourguignons* (1), et, pour en éviter l'abordage, l'équipage fut soumis à une manœuvre presque continuelle. La rencontre de ce banc glacé ne nous ôta pas l'espoir de rallier la terre au premier moment opportun. Le temps devenu plus clair, le capitaine ordonna de virer de bord, et de faire route sur les points déjà découverts. Nous aperçumes bientôt, en dessous des terres, une longue ligne blanche, qui nous semblait y être attachée. Nous pensâmes que cette lueur pouvait être un effet de la réfraction des neiges accumulées sur le penchant des collines, et le sommet des montagnes, et nous conçûmes l'espérance de nous rendre le même jour au havre des Griguets, lieu de notre destination ; mais nous fûmes bien trompés dans notre attente. Poussés par un vent favorable, nous vîmes bientôt que cette lueur était une banquise impénétrable, encombrant de ses immenses montagnes glacées, les baies aux Lièvres, St-Martin, St-Lunaire et autres havres de la côte.

Le capitaine, voyant l'impossibilité de pénétrer à travers ces monts glacés d'une hauteur prodi-

(1) On appelle *couailles*, une étendue plus ou moins considérable de petits glaçons, au milieu desquels on peut naviguer, sans courir les risques d'endommager son navire. Il n'en est pas ainsi des *bourguignons*, qui, quoique peu apparents sur la surface de l'eau, n'en sont pas moins énormes en dessous, et conséquemment fort dangereux.

gieuse, sans encourir des dangers imminents, ordonna de mettre immédiatement à l'autre bord, et de courir au large dans de libres espaces.

Nous avions en vue dix navires qui, comme nous, usèrent de prudence, à l'aspect de ces obstacles invincibles, et suivirent notre exemple, en exécutant les mêmes manœuvres.

Le 11 juin, les hommes de vigie signalèrent un mouvement qui s'était opéré dans la banquise ; le timonier reçut l'ordre de gouverner sur la route qui nous était ouverte, et, malgré beaucoup de glaces, évitées avec une grande habileté, nous jetâmes l'ancre dans le havre des Griguets. Le capitaine et moi descendîmes à terre, et allâmes passer l'inspection des cabanes de notre habitation, que nous trouvâmes propres à nous recevoir, nous et les hommes de notre équipage.

CHAPITRE IV.

Du chirurgien et de son service à bord. — Maladies particulières aux marins. — Remèdes contre le scorbut. — Débarquement. — Les cabanes. — Installation à terre du personnel et du matériel. — Pêche à la seine et à la faux ; — à la manivelle ; — à la ligne. — Le capelan. — Le maquereau. — Le hareng. — L'encornet. — Manières diverses de pêcher ce poisson.

L'armateur d'un navire, monté par quarante hommes d'équipage, non compris les mousses, est tenu d'avoir un chirurgien à bord : faute de quoi, les expéditions ne peuvent être levées au bureau de la marine. Dans le port où se font les armements, pour une pêche quelconque, ou pour les voyages de long cours, est établie une commission, composée de deux médecins et d'un pharmacien, laquelle est chargée, en vertu d'une ordonnance royale, en date du 4 août 1829, d'examiner les jeunes élèves en médecine, qui se destinent à la navigation, et de leur délivrer, si elle les en juge dignes, un permis provisoire de s'embarquer en qualité de chirurgiens, sur tel navire de commerce. Les candidats paient, à la commission, quinze francs, pour honoraires de l'examen qu'elle leur fait subir.

Sont exempts de cet examen les docteurs en médecine et les officiers de santé.

Le chirurgien de marine, après avoir contracté, devant notaire, son engagement avec l'armateur, est informé par ce dernier du jour où l'on doit passer la revue devant le commissaire de la marine, et il a soin de s'y trouver, afin que, s'il voyait, parmi les hommes de l'équipage, quelques individus hors d'état d'entreprendre la campagne, par faiblesse de tempérament, ou par maladie, il pût en informer l'armateur, qui serait à même de pourvoir à leur remplacement. La revue passée, les officiers et les marins engagés pour la pêche de la morue, reçoivent leurs avances, et, le jour Saint-Jean suivant (1), on leur compte la somme due, pour leurs *lots et pratiques* (2), en la calculant au cinquième, sur le produit de la dernière pêche. C'est ainsi, du moins, que les choses se passent à Granville, sauf conventions spéciales entre les contractants Le jour que

(1) A cette époque, les hommes engagés sont souvent à Terre-Neuve; mais des parents ou des amis, munis d'une procuration, peuvent se présenter aux Comptoirs des armateurs, pour toucher l'argent dû aux absents; ou bien ceux-ci le reçoivent eux-mêmes à leur retour.

(2) On entend par *lot* la part à laquelle a droit tout individu embarqué, au 5e du produit net de la pêche. Cette part admet des subdivisions : il y a des *demi-lots*, etc.

On désigne par *pratique* l'avantage accordé aux officiers, d'une barrique de morue et d'une barrique d'huile de foie de ce poisson. Cette concession constitue la *pratique entière*; mais il y a aussi des *demi-pratiques*, des *quarts de pratique*, etc.

vous touchez vos avances, on vous indique celui de l'embarquement de votre bagage, et celui de votre départ.

Le chirurgien fait transporter chez un pharmacien son coffre de chirurgie, pour qu'il y soit approvisionné de tous les médicaments et ustensiles convenables pour la campagne, et dont le programme est communiqué par la commission ; celle-ci en passe la visite et y applique des scellés. MM. les examinateurs reçoivent, pour cette opération, quinze francs d'honoraires (1), et déposent, au bureau de la marine, les clefs du coffre. Le capitaine les rapporte à son chirurgien, au moment du départ, c'est-à-dire après avoir délivré son rôle d'équipage, et levé ses expéditions. Le chirurgien doit avoir le soin de faire placer cette petite pharmacie dans l'endroit le mieux éclairé du navire, c'est-à-dire au grand panneau, afin qu'au besoin, il puisse, jour et nuit, y prendre ce qui lui est nécessaire pour le service sanitaire qui lui est confié.

La plupart des navires sont privés de chirurgien, n'étant pas montés par le nombre de matelots voulu, pour nécessiter la présence d'un homme de l'art. Ces bâtiments n'en sont pas moins pourvus d'un coffre de chirurgie, pour la visite duquel l'armateur paie également, chaque année, la somme de quinze francs.

(1) Ces quinze francs sont au compte de l'armateur.

On remet au capitaine un petit imprimé, nommé, en termes de marine, *Chirurgien de papier* ; dans cette courte brochure, sont détaillées les maladies les plus communes à la mer, et la manière de les traiter ; et elles sont traitées alors, en raison de l'intelligence de celui entre les mains duquel se trouve le malade.

Les occupations du chirurgien à bord consistent à boire, manger, dormir ; à traiter ses malades, et à faire usage des procédés hygiéniques, susceptibles d'entretenir la santé : par exemple, faire jeter à la mer toutes les matières animales et végétales, dont la décomposition répandrait dans l'air des exhalaisons méphitiques, qui pourraient le corrompre ; faire de fréquents lavages, sur le pont, dans les chambres et les entre-ponts ; enlever les mauvaises odeurs, par le moyen des chlorures ; établir des ventilateurs, ou manches à vent, pour purifier l'air des endroits que rend malsains une nombreuse agglomération d'individus ; veiller à la propreté des ustensiles culinaires, à celle des matelots.

L'homme de mer est, comme celui qui habite à terre, sujet à une foule d'infirmités ; mais il existe certaines maladies spéciales aux navigateurs, surtout après un séjour longtemps prolongé sur l'eau. C'est le plus communément le scorbut, la dyssenterie et le ténesme. Je renvoie, pour le traitement de ces affections, MM. les capitaines à leur chirurgien de papier, et les chirurgiens, aux ouvrages concernant leur art.

Je dirai seulement qu'il n'a jamais existé de meilleur anti-scorbutique que le sang de marsouin, bu chaud, et le bouillon de morue, ainsi que la chair de ce poisson à l'état frais. J'ai été à même de juger bien des fois des heureux résultats de cette médication, et je les attribue à la présence d'une certaine quantité d'iode dans ces sortes de poissons.

Le chirurgien est donc, comme on en peut juger d'après ce qui précède, le seul du bord qui puisse partager la tranquillité du capitaine : assis à table, à la droite de ce dernier, il est chargé de faire les honneurs des comestibles, de découper les viandes, et d'en offrir à l'état-major, en commençant toujours par les plus élevés en grade ; et, par urbanité française, il doit se servir le dernier, ce qui, d'ailleurs, ne peut qu'être conforme à son goût naturel pour la politesse. Voici, du reste, l'habitude de ma vie à bord, pour ce qui m'était particulier.

Le matin, sur les six heures, je prenais, avec mon capitaine, une bonne infusion de thé sucré, bien chaud, dans laquelle je mettais un peu d'eau-de-vie, et quelques croûtes de biscuit ; ensuite, quand il faisait beau temps, je montais sur le pont, et j'y fumais une pipe entre le ciel et l'eau.

C'était ainsi que je me préparais à la prière, et au premier repas de la journée, laquelle, si bien commencée, devait avoir une heureuse terminaison.

L'emploi des boissons chaudes, aromatiques et modérément alcoolisées, est très-salutaire dans les pays froids : il entretient la peau dans un état convenable de chaleur, et prévient beaucoup d'indispositions. J'en conseille donc l'usage modéré ; mais j'engage par-dessus tout les hommes de mer à s'abstenir des orgies, dont les effets sont toujours meurtriers, si l'individu se couche froid dans un état d'ivresse. J'en pourrais citer de fâcheux exemples, arrivés à bord comme à terre, sous la température du pays où se fait la pêche de la morue ; mais cette digression est peut-être déjà trop longue, et nous fait oublier notre navire *Les deux Sophie.*

Le capitaine et moi étions à terre, quand nos hommes sautèrent des porte-haubans, dans un bateau mis à la mer pour les débarquer. Les habitués coururent visiter leur asile de l'année précédente, afin de le mettre en état d'être habité : car le premier soin d'un matelot, dont le séjour doit être d'une durée plus ou moins longue, dans un pays comme celui de Terre-Neuve, est de bien s'y installer, pour s'y préserver des injures d'un air froid et humide, qui serait, pendant la nuit, tout-à-fait préjudiciable à sa santé. Ceux de nos jeunes marins qui voyaient Terre-Neuve pour la première fois, paraissaient frappés d'étonnement, et ouvraient des yeux dans lesquels on lisait l'embarras où ils se trouvaient, de ne voir rien qui pût leur fournir un abri. En effet, le premier débarcadère ouvert à leurs regards, était *le chaufaud*.... Mais j'entends déjà demander : qu'est-ce que le chaufaud? — Patience, ami lecteur : un temps viendra (qui n'est pas loin, j'espère), où je ferai en sorte de vous donner une idée de cette construction, qui n'a requis ni l'art de l'architecte, ni même le savoir-faire du maçon, et qui cependant a son importance, je vous assure. Reconnaissons toutefois que ces lignes de gaulettes sans toiture ne prêtent pas beaucoup à l'espérance de s'y trouver à l'aise le lendemain de l'arrivée.

Les habitations ou cabanes n'offrent pas non plus un aspect fort séduisant : ce sont des cases construites sur le rivage, avec des troncs de sapin, terminés en pointe à leur extrémité inférieure, enfoncés en terre à coups de massue, rapprochés le plus possible les uns des autres, et calfatés avec de la mousse ou de mauvaise étoupe. Ces cabanes sont couvertes en planches inclinées, surchargées de papier, ou de toile goudronnée, qui les rend imperméables. Autrefois elles étaient couvertes d'écorces de sapin (1); cette méthode, aujourd'hui prohibée, à cause de l'immense préjudice occasionné aux arbres, que ce procédé faisait sécher sur pied, était tout-à-fait vicieuse : car jamais ces

(1) Ces écorces se nomment aussi *plan*, et vous entendez dire tous les jours à Terre-Neuve : *faire du plan*, pour signifier l'action de peler les sapins. Les habitants de Terre-Neuve ont exclusivement le droit d'enlever les écorces des arbres sur pied ; les Français ne peuvent le faire qu'à ceux qui sont rendus à leur habitation.

écorces n'étaient sans quelques nœuds ; et ces nœuds étant souvent percés, laissaient à l'eau un libre cours : ce qui vous faisait éprouver la disgrâce de ne vous voir complètement à l'abri que dans le beau temps. Les cabanes des pêcheurs n'étant pas toujours bien calfatées avec de la mousse, un grand vide se rencontre entre chaque tronc ; pour y remédier, on cloue, sur ces derniers, des traverses horizontales, qui servent à fixer des branches de sapin, qu'on entasse les unes sur les autres, et échelonnées de manière à empêcher toute communication avec l'air extérieur. A l'intérieur, règne une sorte de corridor formé avec des troncs d'arbres, qui servent de supports à quantité de petits lits, graduellement installés jusqu'au haut des parois, et dont les fonds consistent en un solide filet à grandes mailles, sur lequel reposent paillasse et matelas. La manière dont sont organisés ces encadrements, permet à ceux qui couchent au sommet de l'édifice, d'y monter comme à l'aide d'une échelle, et rien d'ailleurs n'est plus vite fait que le lit d'un matelot à la côte de Terre-Neuve.

Je ne trouve en France qu'un genre d'habitation comparable, dans ses formes, aux cabanes de Terre-Neuve : c'est la loge du sabotier, construite dans la futaie qu'il exploite.

La grande cabane, ou celle de l'état-major, se compose d'une vaste cuisine, avec cheminée construite en argile et en pierres noires granitiques, inattaquables au feu : près du foyer, s'élève un grand fourneau en briques artistement rangées ; il est destiné à recevoir mainte casserole, dont le bouillonnement vaporeux chatouille agréablement les sens. Une cloison sépare cette cuisine de la salle à manger, et c'est dans ce dernier carré, où sont déposées quatre bancelles autour d'une table de même forme, que MM. les officiers prennent leurs repas.

Un vaste local communique à la cuisine : c'est la cambuse, mystérieux réceptacle des liquides, et dont la garde est confiée principalement au maître d'hôtel. A côté de ce précieux dépôt, se trouve la chambre à coucher du capitaine, dont la présence maintient le bon ordre et empêche certains abus.

Le maître d'hôtel, ou cuisinier, couche à la tête de ses barriques, et veille soigneusement à ce que les liquides ne soient pas de force à trop échauffer les têtes. Un grenier, sous le comble, sert à ramasser les ustensiles de pêche, les gréements du navire, et les sacs de biscuit.

Cette grand'cabane est visitée seulement par l'état-major, et les matelots n'y entrent que pour affaires de service. Quant à leurs rations, un petit guichet, pratiqué à l'extrémité de la cambuse, en permet le passage, quand le réclamant a pu se faire entendre, en prononçant à haute et intelligible voix : *Ave, Maria* ! Pour lui prouver qu'il s'est bien fait comprendre, on lui répond : *Gratiâ* ; et il est immédiatement servi.

Comme le but essentiel du voyage est la pêche de la morue, d'où dépend souvent la fortune ou la ruine de l'armateur, le premier acte, après le débarquement, est de se transporter vers les bateaux (1) mis à sec l'année précédente, pour s'assurer si chacun d'eux est en état d'être expédié. Après avoir fait, aux uns comme aux autres, les réparations nécessaires, on les lance à la mer, et l'on met à bord tout ce qui est utile à l'expédition. Chacun des *bateaux de pêche* est monté par trois hommes, qui, en langage de Terre-Neuve se nomment : *Maître, Avant, Hussas.*

Le *bateau de seine* a huit hommes d'équipage : le *maître*, l'*avant* et six matelots, que l'on nomme *matelots de seine.*

Ceux-ci, après avoir muni leur bateau de la seine et des provisions de bouche, se dirigent vers les fonds où ils soupçonnent la présence de la morue : là, ces intéressants poissons se découvrent soit à l'œil, soit au moyen d'un engin que l'on appelle *faux.*

Cet instrument consiste en deux gros hameçons adossés, de manière que les crochets se trouvent

(1) Ces bateaux sont de deux sortes : *bateaux de pêche et bateaux de seine* ; d'ordinaire ces derniers s'appellent simplement *seines.*

en sens inverse ; on les place, ainsi disposés, dans un moule en fonte, que l'on remplit de plomb fondu. Lorsque, à l'instar des fondeurs de cuillères, on ouvre le moule, on aperçoit, admirablement modelé, un poisson brillant, dont la queue est percée d'un trou, où l'on passe l'extrémité d'une longue ligne.

Munis de cet appareil, les pêcheurs, après avoir sondé la profondeur de l'eau, envoient la faux en la maintenant toujours en suspension, pour qu'elle ne touche nullement au fond. En cet état, ils y impriment des mouvements en la retirant rapidement de bas en haut, puis la précipitent de haut en bas ; la morue, curieuse et avide de proie, prend cet artifice pour une réalité, et se trouve, en jouant avec ce poisson artificiel, accrochée par n'importe quel endroit ; et fort souvent on en prend deux à la fois. Avant l'arrivée du *Capelan*, poisson servant de premier appât à la morue, il n'est pas rare de voir des pêcheurs, par ce seul stratagême, prendre dans leur journée pour vingt-cinq louis de poisson : voilà donc en quoi consiste le mécanisme de la *pêche à la faux*.

Quand le maître de seine a retiré quelques morues de l'eau par ce procédé, il peut déborder avec autant de confiance que s'il en voyait une quantité. Il commande de mouiller, à l'aide d'un long funin, un grappin en fer, que les Terre-Neuviens nomment *chatte.*

A la surface de l'eau, nage un amas assez considérable de gros liéges, en rapport avec la chatte, et portant le nom de *fléchon ;* à ce dernier est amarré un autre funin, qui doit être mouillé presque sur le bord du rivage, à l'aide d'un autre grappin. La seine étant ainsi fixée, les matelots, au moyen de longs avirons, nagent avec force, et donnent à leur bateau une marche accélérée, qui fait très-promptement dévider ce filet, dont l'autre bout doit, après avoir décrit une circonférence, être ramené vers le fléchon, placé là comme point de ralliement. Avant de fermer entièrement la seine, on lance avec force, et à plusieurs reprises, un morceau de fer chargé d'anneaux mobiles ; cet appareil est retenu par un bout de corde, dont le mouvement précipité met en branle toutes ces sonnettes : le poisson saisi de frayeur par ce carillon, qu'il n'avait sans doute jamais entendu, et dont l'épouvantable tintamarre s'opère à la seule porte de secours qui lui soit ouverte, rétrograde, et se voit en un clin d'œil, emprisonné sans ressource, au profit de l'armateur et de son équipage.

Les bateaux de service pour la seine, s'approchent alors de ce filet, qui est, ainsi que les plombs, recueilli à bord du bateau de seine, et aussi à bord de ceux qui sont accourus pour donner la main, afin de déborder, puis d'*assécher* le filet (1).

Par ce procédé nommé *moulinet*, le maître juge de sa capture à la simple vue, et s'il prévoit n'avoir pas de suffisants moyens de transport, il fait signal aux bateaux en vue, ou le fait savoir à l'habitation ; et cependant, pour ne perdre ni son temps ni son poisson, il met le reste de sa pêche dans des sacs en filet, faits avec de forte ficelle, les amarre en lieu sûr et poursuit son succès.

La morue ainsi amoncelée dans le filet, ne se prend pas à la main ; on l'en retire au moyen d'une grosse et longue pointe de fer demi-courbée, et solidement fixée au bout d'une petite gaule de sapin. A l'aide de cet outil, que l'on appelle en ce pays *piquois*, on peut embrocher à la fois trois ou quatre morues moyennes.

Ce procédé, tout-à-fait expéditif, est le seul qui puisse être employé dans un endroit où le poisson se trouve en si grande abondance.

La *pêche à la manivelle* se fait à l'appât ; mais renferme, comme celle qui s'opère à la faux, quelque chose d'artificiel : on y emploie encore un petit poisson de plomb, troué à la queue pour y passer

(1) En terme de pêche, on entend par assécher le filet de seine, une fois qu'on l'a débordé en mer, l'en retirer en recueillant successivement les plombs que l'on met à bord, et en laissant toujours à l'eau les liéges qui tiennent le filet en suspension.

une ligne ; il est admirablement fondu sur un modèle de gros hameçon, dont il enveloppe la branche. La gueule, en rapport avec la courbure de ce crochet, semble être ouverte pour s'emparer du capelan naturel, qui le recouvre en décrivant une courbe demi-circulaire. Il semble alors que ces deux petits êtres se battent pour se dévorer réciproquement. La morue joue d'abord le rôle du chat Rominagrobis, dans la fable de Lafontaine, intitulée : *Le chat, la belette et le petit lapin*, mais avec cette différence capitale qu'elle finit par être victime de sa gourmandise et de sa crédulité. Avant d'effectuer cette pêche, le maître du bateau sonde le fond, pour en connaître le brassiage.

Il agite ses lignes bien amorcées, d'abord à une brasse de distance du lit de la mer ; il ne manque pas d'y prendre du poisson ; il attire de nouveau sa ligne à une brasse plus haut ; la morue la suit, et s'y maintient alléchée ; et il continue cette manœuvre jusqu'au moment où il arrive à n'avoir dehors que le moins de ligne possible.

On conçoit d'avance pourquoi le pêcheur agit ainsi : s'il jette à la mer, dans une profondeur de 40 brasses d'eau, sa ligne, plus ou moins plombée, en raison des courants, il lui faut un certain temps pour la faire arriver au fond ; il lui en faut encore davantage pour l'en retirer, surtout quand un poisson de 20 ou 25 kilogrammes s'y trouve accroché ;

il éprouve donc un avantage d'autant plus grand, pour charger promptement son bateau, que le poisson est moins éloigné des bords de ce bateau.

Pour la *pêche à la ligne*, la méthode est la même que la précédente, excepté que la branche de l'hameçon n'est point recouverte d'un poisson artificiel ; mais cet hameçon est plus volumineux, et, au lieu d'un capelan, on en met deux en sens inverse.

Quand il s'agit d'aller à ces diverses pêches, le capitaine, le maître d'hôtel ou un officier éveille les pêcheurs à la pointe du jour ; ils ont reçu de veille les provisions pour la journée, et ils reviennent à l'habitation vers le coucher du soleil apporter le fruit de leur dextérité. Voilà comment les choses se pratiquent pendant le séjour à Terre Neuve.

C'est de capelan que la morue fait sa nourriture la plus ordinaire, et c'est ce petit poisson qui la met sous la main des pêcheurs. La longueur du capelan est de 22 à 23 centimètres. La peau de ce poisson est de couleur verdâtre sur le dos ; là se trouvent deux nageoires, une grande et une petite, et, vers le milieu du corps sur les parties latérales, s'élève une protubérance commençant à la partie supérieure des ouïes, et se prolongeant toujours en diminuant jusqu'à la queue. Le ventre est de couleur nacrée, deux nageoires y font saillie un peu au-dessous du collet, deux autres entre le collet et le nombril, et la cinquième, de forme demi-circulaire, part du nombril, et se termine à peu près à l'origine de la queue, qui est fourchue et verticale. En dessus de la tête à la région occipitale, on découvre, dans un espace transparent, trois petits lobes sillonnés par des vaisseaux sanguins de très-petit calibre; un autre lobule de couleur rose est adhérent à ces derniers, et forme avec eux une espèce de croix; cet appareil constitue le cerveau, qui, à travers le crâne, semble en outre être parsemé d'une multitude de petits points gris. La tête, fortement déprimée sur les côtés et de forme mi-circulaire, ressemble à de la nacre, surtout autour de l'orbite oculaire.

La prunelle de ce gentil poisson est d'un bleu foncé, et lui donne un regard plein de vivacité, qui fait agréablement ressortir une cornée d'une blancheur éblouissante. La mâchoire inférieure, un peu plus longue que la supérieure, se termine en pointe obtuse, et ces deux parties, ainsi que la langue, sont garnies de dents très-fines, presque imperceptibles. La chair du capelan est très-bonne à l'état frais; on en sale aussi pour la faire sécher.

C'est au commencement de juillet que ce poisson vient à Terre-Neuve pour y frayer; la morue l'y suit, et cet appât, si friand pour elle, la fait s'accrocher à l'hameçon ou tomber dans les filets. On prend le capelan avec un filet nommé *haloppe*, et l'on déborde comme pour la morue. Il y a de si grandes quantités de ce petit poisson, que la mer en jette quelquefois à sec, d'un seul coup de lame, la hauteur d'un mètre et cela dans une très-longue étendue de côte, et que les bateaux échouent sur ces poissons, comme sur un banc de sable.

Nous venons de dire que le capelan est, pour la morue, un mets de prédilection; mais pendant toute la durée du séjour de cette dernière à la côte, ce petit poisson ne veut pas toujours lui faire compagnie; il gagne donc le large après avoir jeté son frai, vers la fin de juillet ou les premiers jours d'août, et l'on prétend qu'il se dirige au sud et entre dans la Méditerranée, où toutefois il n'est pas inconnu. Il est à présumer que la morue l'y suit aussi, et que l'on en pêcherait certainement beaucoup, sur les hauts fonds des parages plus méridionaux, s'ils étaient connus comme le sont ceux du grand banc de Terre-Neuve. Enfin, malgré la disparition du capelan, il n'en reste pas moins à la côte de fort beaux poissons que l'on nomme *Morues de l'arrière-saison.* On les pêche aux lignes de fond (1) ou par les procédés dont nous avons parlé, mais avec des appâts d'une autre espèce.

La nature, dans son admirable sagesse, sait prévoir partout les besoins des créatures raisonnables ou non raisonnables. Le capelan est parti, bon voyage! La morue n'en doit pas moins trouver de

(1) Lignes qu'on laisse tendues pendant la nuit et chargées d'une multitude d'hameçons.

quoi satisfaire à son appétit glouton ; eh bien ! dame nature, cette bonne mère, chasse alors du sein de l'Océan, vers les côtes de Terre-Neuve, d'immenses troupes de maquereaux, de harengs et d'encornets.

Si la morue affectionne la menue populace du liquide élément, elle ne dédaigne pas, pour cela, celle qui offre à ses regards avides un certain volume, et lui appuie la chasse avec d'autant plus de plaisir, qu'il lui en faut bien moins pour remplir sa panse.

On s'empare des maquereaux et des harengs, en tendant transversalement, à l'entrée des havres ou des baies, des rets, dont les mailles sont de dimension à recevoir la tête de ces poissons, qui, une fois engagée, ne peut plus être débarrassée que par la main du pêcheur.

Le maquereau a les mêmes formes et le même goût que celui d'Europe. Le hareng est beaucoup plus gros que celui dont font de si belles pêches les Dieppois et autres, sur les côtes d'Islande, mais, en général, le hareng que l'on trouve à Terre-Neuve, n'est pas aussi prisé que celui de nos côtes européennes, sous le rapport de sa chair ordinairement huileuse. On en mange pourtant avec plaisir, après l'avoir fait griller ou bouillir, avant de le mettre à n'importe quelle sauce, mais la meilleure est *la piquante.*

L'encornet, dont la forme est semblable à celle

de la sèche de notre pays, se pêche de deux manières, à *la turlute* (1) ou par le moyen du feu.

Voici comment on procède à la confection de l'instrument nommé *turlute*. Roulez une carte à jouer pour y donner à peu près la moitié du calibre d'une chandelle du n° 6; bouchez en avec un peu de liége la partie inférieure, et la maintenez dans la forme cylindrique, en y faisant une petite ligature; passez d'outre en outre, à la base de la carte, et sur différents sens, des laitons bien pointus ; entourez de sel ce petit moule que vous remplirez de plomb fondu ; donnez ensuite aux laitons la courbure d'un hameçon ; percez le plomb à sa partie supérieure pour y passer une petite ligne, et grattez-le, afin de le rendre le plus brillant possible.

Etant à bord de votre bateau, vous agitez dans la mer, par mouvements saccadés, ce petit grappin compliqué d'hameçons sur lesquels les encornets viennent, en toute hâte, appliquer leurs doigts membraneux qui n'en sont dégagés qu'au bel air.

Si vous ne voulez pas, en vous amusant à faire la guerre aux encornets, prendre la physionomie d'un nègre, ayez soin de ne pas vous mettre le nez en rapport avec le bec de perroquet de ce vilain poisson : car, en sortant de l'eau, il vous aveugle en

(1) On appelle *turluter*, le mécanisme de la pêche de l'encornet.

vous lançant à la face, comme avec une seringue, une matière aussi noire que de l'encre.

On en fait aussi de grandes destructions, en allumant des feux pendant une nuit obscure, sur le bord d'un rivage où se trouvent des glacis pierreux ; les encornets y viennent alors s'échouer et on les prend à la main.

Encore une perfidie de plus à l'encontre de messieurs les encornets (1) ! On coupe différents poissons par petits morceaux dont on amorce les lignes; les résultats sont très-satisfaisants.

La chair de l'encornet, est, à mon goût, quelque chose de très-bon, surtout à la poivrade.

(1) Cette pêche des derniers temps du séjour à Terre-Neuve, porte le nom de *pêche à la grosse boite.*

CHAPITRE V.

Service du chirurgien à Terre-Neuve.—Projet d'une réforme dans cette partie.—Jardins suspendus.—Horticulture temporaire.—Préparation et salaison de la morue.—Quelques rimes sur l'exercice de la médecine à Terre-Neuve.—Avis aux jeunes médecins.—Cas de panaris avec complication : guérison singulière.—Le chaufaud.—Le décolleur.—Le trancheur.—Le saleur.—Revenus et partage des produits de la pêche.—Le lavoir.—Le cageot.—Extraction de l'huile de foie de morue.—Réflexion sur la vertu médicinale de cette huile.—Pompe triomphale du saleur.—Appel au gouvernement en faveur de l'humanité.—Urgente nécessité d'une réforme dans le service sanitaire de la marine marchande.—Tentatives infructueuses de l'auteur à ce sujet.

On a vu plus haut (page 58) quels sont les devoirs du chirurgien de marine à bord : devoirs qui, dans les temps ordinaires, ne sont certes ni trop étendus, ni fort difficiles : peut-être ne sera-t-on pas fâché d'apprendre à quels soins il doit se livrer, sous le rude climat et pendant les durs travaux de Terre-Neuve.

Le chirurgien d'un navire de commerce en est aussi le pharmacien ; spécialement chargé du traitement des malades de son habitation, il doit, pour l'honneur attaché à sa profession, remplir consciencieusement ses devoirs à l'égard de ces derniers, et les guérir le plus promptement possible, dans leur intérêt, et celui de l'armateur, dont ils reçoivent paiement et nourriture, à charge par eux d'exécuter les travaux commandés, à moins que des cas réels de maladie ne les en dispensent.

Peut-être n'est-il pas hors de propos de prévenir ici mes collègues de la nécessité où ils sont, de prendre quelques précautions, s'ils veulent rentrer dans leurs avances, pour les fournitures qu'ils font des médicaments.

Que les officiers de santé de la marine se tiennent pour bien avertis, avant d'accorder une grande et dispendieuse distribution de médicaments à des marins inconnus, qu'on ne peut faire aucun arrêt sur les salaires de ces derniers, excepté pour loyer, habillement et nourriture.

Si l'homme de mer est possesseur d'immeubles, on a le droit de le contraindre au paiement par les voies légales ; mais, s'il n'est pas propriétaire, les créances sur lui n'ont aucune valeur, quand on se trouve en différend avec un homme de mauvaise foi ; ce dont, par malheur, je n'ai été que trop souvent témoin. Pour obvier à tout débat, le mieux est d'exiger un billet, écrit, ou du moins signé par le débiteur, et payable chez l'armateur, ou bien, en cas de décès, au bureau de la marine. Ayez soin, de plus, de faire bien et dûment apostiller ce billet par le capitaine.

Il arrive fréquemment, dans un temps de grandes

fatigues, d'entendre des hommes se plaindre de n'en pouvoir plus, de douleurs ressenties dans tous les membres.

Ces plaintes sont souvent sans raison ; mais souvent aussi ne tarderaient pas à se trouver bien fondées, si le médecin faisait contraindre ces hommes, par les officiers, à continuer leur service. Sans être dupe, il faut avoir du tact, et préserver les travailleurs de la courbature par un petit congé. On leur fait observer qu'en France, nul ne peut être admis dans un hôpital, que pour cause de blessures ou de fièvre ; et qu'eux, n'ayant ni l'une ni l'autre de ces affections, ne peuvent être autorisés qu'à obtenir une très-courte exemption de service.

Eh bien ! après qu'on leur a donné un potage et un quart de vin, ils s'endorment d'un profond sommeil, et se réveillent parfaitement guéris de tout le malaise de la veille, disposés à reprendre leur travail avec toute l'énergie d'un bon tempérament.

La médecine à Terre-Neuve ne se pratique certainement pas comme en France : il existe, dans le service sanitaire du commerce, des procédés extrêmement vicieux, dont je ferai un rapport circonstancié, pour le soumettre à qui de droit ; mais, en attendant une réforme à ce sujet, il faut, autant que possible, suppléer à ce défaut de bonnes règles et de méthodes salutaires, et tout faire pour le mieux.

Dès 1831, je me mis à l'œuvre, et adressai à M. le baron Larrey, dont j'avais l'honneur d'être particulièrement connu, un mémoire sur cette question ; il accueillit mon travail de la manière la plus favorable, en me promettant de le communiquer à son collègue, M. de Kéraudren, inspecteur général du service de santé de la marine, et à M. le ministre de ce département.

La mort de ce savant chirurgien militaire paralysa mon intention de faire le bien, et tout en est resté là, jusqu'à nouvel ordre ; mais on peut se convaincre, par la lettre suivante, et de la sincérité de ma démarche, et de l'importance qu'on attachait à mes observations.

MINISTÈRE DE LA GUERRE.

Paris, le 22 décembre 1831.

J'ai reçu votre lettre, mon cher Monsieur Carpon, et j'ai lu avec intérêt les réflexions que vous y faites, sur le mode de réception des médecins destinés au service de la marine marchande. Ces réflexions font l'éloge de votre philanthropie et de votre humanité. Croyez que j'en ferai l'objet d'une lettre motivée que j'écrirai au ministre de la marine, et à mon collègue, l'inspecteur général de ce département. Si mes observations sont accueillies, aucun armateur ne pourra admettre dans ses navires nul des médecins, jeunes ou vieux, qui ne soient porteurs de titres ou certificats authentiques, qui donnent la garantie de leur capacité et de leurs talents ; et l'examen ou vérification de ces titres seraient faits par le comité de santé du port de mer où le médecin devra s'embarquer; lequel comité, dans tous les cas, serait autorisé à faire subir tel examen qu'il jugerait convenable, pour s'assurer si réellement il est digne de toute confiance. Enfin je pense que les médecins ou chirurgiens de la marine marchande devraient être assimilés, pour le traitement, comme pour la discipline, aux règlements du service de santé de la marine royale, etc., etc.

Signé Baron LARREY.

Puissent les plans de réforme que j'eus l'honneur de transmettre, sur la demande de M. l'inspecteur général du service de santé des armées, ne pas tarder à recevoir leur pleine et entière exécution !

Ce serait un fait honorable pour la nation que l'adoption de ces mesures de prévoyance et d'humanité, en faveur de tous les marins du commerce, qui se montrent les serviteurs dévoués du pays, quand ils sont appelés à en défendre l'honneur ou les intérêts.

Les navires qui font la pêche de la morue à la côte de Terre-Neuve, y stationnent environ trois mois, et le but que des gens raisonnables doivent se proposer, est d'y passer ce temps le plus agréablement possible. Pour ce faire, on a soin de se ménager des ressources : ainsi l'on emporte avec soi beaucoup de jeunes choux, plantés dans des paniers remplis de terre ; on suspend ces paniers au-dessous des hunes, afin que les frimas de la mer n'endommagent pas les végétaux, qui s'y conservent et y poussent parfaitement bien : certes l'équipage ne donnerait pas ces jardins pour ceux de la grande Sémiramis. On conserve encore de cette manière tous les troncs des choux, garnis de leurs racines, et dont les feuilles ont servi, pendant une partie de la traversée, à faire la soupe ; en arrivant à Terre-Neuve, on les plante, ainsi que des pommes de terre. On y sème encore navets, pois, salades, cerfeuil, épinards, cresson alénois, raves et radis, que l'on a le plaisir de voir croître très-promptement : car il n'existe pas beaucoup de pays où la végétation s'opère avec plus d'activité.

Ces travaux, passe-temps utile et agréable, s'exécutent sous la direction du chirurgien ; celui-ci doit donc se plaire aux douces jouissances de l'horticulture, en vue des services que rendent à la cuisine ces beaux et excellents légumes. Après en avoir usé largement à Terre-Neuve, vous arrachez, au moment du départ, le reste de vos énormes choux ; vous les suspendez, par les troncs, sur l'arrière de votre navire, et chacun de répéter pendant la traversée : Vive la bonne soupe aux choux qui se fait dans la chaudière ! Pommes de terre et navets, serrés beaux et frais en lieu sec, assaisonnent avantageusement la cuisine du bord, comme ils le faisaient à terre à celle de la grande cabane : n'est-on pas ainsi mille fois récompensé des soins que l'on s'est donnés ?

Mais il est un travail bien plus essentiel, dont je vais vous dire deux mots, dans quelques rimes de ma façon, au sujet de Messieurs les docteurs de notre art : il s'agit de l'importante opération de *trancher la morue*.

Au surplus, tout le monde, à Terre-Neuve, s'en mêle de cette pêche à la morue ! Les uns prennent le poisson et les autres le préparent. C'est une joie commune : car c'est aussi un intérêt commun de voir grossir rapidement, chaque jour, les piles que l'on élève avec ce bon poisson. L'action de trancher est de la compétence des chefs de l'habitation. Le capitaine, le second, le lieutenant, et le chirurgien ne sont pas des derniers à l'ouvrage, quand il est question d'un coup de main ; c'est d'ailleurs une opération de la dernière importance pour l'armateur, et l'occasion d'un bénéfice pour les officiers et les matelots, qui ont leurs *lots* et *pratiques* sur la pêche.

La propreté est une condition d'absolue nécessité pendant que l'on s'occupe à habiller et à trancher le poisson. Souvent la morue est échauffée ; mais elle n'en est pas moins bonne pour recevoir le sel.

Le *sanguin* ou liquide roux de ce poisson est extrêmement âcre ; au point d'occasionner des excoriations, si l'on n'usait pas de la sage précaution de se bien savonner les mains chaque fois que l'on quitte le travail, ne serait-ce que pour cinq minutes :

On conserve, par ce moyen, la souplesse de ses doigts, en éloignant toutes les causes qui pourraient en paralyser l'action. Ainsi le chirurgien, comme les autres officiers, prend part à la grande œuvre de la préparation de la morue, et c'est à ce travail que je fais allusion dans la réponse suivante aux questions de quelques-uns de mes confrères :

Vous qui me demandez comment l'art de guérir
S'exerce en ces climats près du lit d'un martyr,
De bien vous l'expliquer il n'est pas difficile.
D'un ou plusieurs trépas on se fait peu de bile,
En ce lointain pays ; pour soigner les marins,
On voit d'heureux mortels, devenus médecins
Après deux mois d'école employés sous un maître,
Et qui, fort peu savants, tâchent de le paraître.

Quel poids ne donnent pas ces titres de grandeur !
On s'entend appeler *major* ou bien *docteur !*
Par ces mots enivrants une âme transportée,
Dans un espace étroit ne vit plus resserrée :
Par leur magique effet, tous ces termes pompeux
Font prendre à l'ignorant un ton présomptueux.
Chez les pauvres d'esprit une humble déférence,
Semble vous transformer en hommes de science,
Bien qu'en réalité, barbouillés de *sanguin*,
Vous ne sachiez qu'à peine écorcher un lapin.

Le talent médical, là-bas, ne s'évertue
Qu'à savoir lestement bien trancher la morue ;
Ainsi, soyez bien sûr d'être parfait docteur,

Dès lors que vous serez un excellent trancheur.
En pratiquant cet art, surtout faites en sorte
De n'y rien négliger : car sachez qu'il l'emporte
Sur les talents réels que vous pourriez avoir,
Et sans lui vous seriez dénué de savoir.
On a vu cette adresse élever jusqu'aux nues
Tel docteur, écrasé sous le poids des bévues.
En sa sotte ignorance avait-il des rivaux ?
Ecoutez ! vous pourrez juger en quelques mots.

Un jour, pauvre marin, craignant fort pour sa vie,
Réclama des secours, pour une maladie
Dont il pressentait bien les résultats fâcheux.
Le médecin, joué par quelques paresseux,
Eut peur de l'être encor par nouvel artifice.
Comme il va procéder à son douteux service,
Le capitaine arrive, et, le docteur présent,
Il pose, ainsi conçu, l'ordinaire argument :
« Déclarez-moi, docteur, si cet homme est malade
Pour recevoir, au lit, tisane ou limonade? »
Notre imprudent major prétend qu'il ne l'est pas !
On met l'homme au travail, on le pousse au trépas !
Le mal fait des progrès.... Le pauvre diable expire !
L'esculape, à la fin, est obligé de dire :
« On ne peut affirmer qu'il se fût plaint à tort :
« Il souffrait, oui vraiment : car je crois qu'il est mort ! »

Vous devez bien penser qu'après ce bel ouvrage
On entend fortement murmurer l'équipage,
Et chacun de crier : Au meurtre ! A l'assassin !
Ce fait donne à penser au pauvre médecin,
Dont l'âme fut dès lors, en affreuse torture.
A plus d'un paresseux cette mésaventure

Procure l'agrément de goûter le repos.
Tel feint donc de souffrir, qui se sent bien dispos,
Se débat, cherche à mordre, en hurlant se tortille,
Adresse des adieux à toute sa famille.
Enfin, dans ses ébats, tout paraît effrayant.
Le timide docteur, hors d'haleine, en courant,
Ouvre sa pharmacie, y prend une bouteille;
En disant: « D'où nous vient une peste pareille ?
Si de l'épidémie on n'arrête le cours,
Nous avons tous sujet de craindre pour nos jours !
« Dites-moi sur quel point la douleur est portée ?
« Et je vais à l'instant vous faire une saignée. »

Mais le rusé renard au piquant instrument,
Par un tour de matois, se soustrait aisément ;
« Depuis sept à huit jours, j'éprouve une faiblesse,
Qui me fait trébucher comme un homme en ivresse;
Hier au soir, lui dit-il, une fois dans mon lit,
Je fus transi de froid durant toute la nuit. »
« Le mal, dit le docteur, provient d'une colique,
Et j'ai, pour le traiter, un très-bon spécifique :
Tenez-vous chaudement ; vous prendrez, le matin,
Teinture de cannelle avec un quart de vin.
Si vous n'êtes pas mieux, vous aurez un clystère,
Qui pourra vous sauver, ou du moins je l'espère ;
Il sera composé d'huile grasse et de clous (1),
Mis dedans à bouillir, pour le rendre plus doux.

(1) Les vieux chirurgiens de la côte de Terre-Neuve obtenaient, de l'annonce de ce moyen, des résultats fort avantageux, quand ils n'avaient affaire qu'à des fainéants, ou à des hommes seulement fatigués. Deux heures de repos suffisaient pour guérir ces gens-là, persuadés qu'ils étaient qu'on avait l'intention de leur lancer dans le ventre des clous à larges têtes, pour mieux leur balayer les intestins.

Peu de moments après, passant le véhicule,
Que l'on pourrait nommer trésor de la canule,
Sous le moindre retard on l'administrera ;
Et vous verrez quel bien il en résultera. »

« En vos bons soins, docteur, je mets ma confiance ;
D'être bientôt guéri j'ai la ferme espérance.
Commençant à souffrir un peu moins dans les os,
Je crois, la nuit prochaine, avoir plus de repos,
Je me sens soulagé, docteur ; je vous supplie
D'achever, s'il se peut, de me sauver la vie. »
« Soyez sûr, mon ami, que de ce mauvais pas
Je saurai vous tirer, connaissant bien le cas :
Votre urine est limpide et d'excellent augure ;
J'aurai sous peu de jours l'honneur de votre cure. »
Le malade rend grâce, et dort d'un bon sommeil.
L'avisé médecin le visite au réveil :
« J'entrevois, Dieu merci, que, grâce à ma science,
« Vous marchez à grands pas vers la convalescence ;
« Cela vous prouve, enfin, que toujours le malheur
« Ne saurait s'attacher aux travaux d'un docteur. »

Un autre paresseux n'a pas besoin d'étude,
S'il veut tirer parti de cette inaptitude ;
Il a jugé des tours du faux agonisant ;
Il l'imite en tous points ; on lui en fait autant.
De tels succès, prônés pour cures sans pareilles,
De nos bons matelots vont frapper les oreilles ;
Et ce pauvre major, qu'on traitait d'assassin,
Par eux tous est vanté comme un grand médecin.

Il est, en effet, fort prudent de ne pas se hasarder à déclarer que tel ou tel n'est pas incommodé au point de ne pouvoir faire son service : car, dans bien des cas, il est impossible, au médecin même le plus expérimenté, de se prononcer de manière à se mettre à l'abri d'erreurs fâcheuses et répréhensibles. D'ailleurs, avec un peu de sagacité, on ne saurait longtemps être dupe des plaintes mensongères débitées par des paresseux. Du reste, ne vaut-il pas mieux dispenser un fainéant de son service, pendant quelques heures, que de s'exposer à des bévues malheureusement trop communes, de la part de plusieurs de nos confrères, qui se couvrent, en les commettant, de honte et de confusion, quand ils ont le moindre sentiment de délicatesse ? Tous les jours, en effet, il arrive qu'une indisposition simple ne présente pas, à son début, les symptômes d'une maladie grave sur le point de se développer ; mais, si l'on vient à brusquer cet état de malaise, qu'une seule transpiration suffit souvent à guérir, on peut conduire prématurément son malade au tombeau. Le funeste accident rapporté dans les quelques vers qu'on vient de lire, est malheureusement tout à fait historique, et j'en ai été le témoin oculaire.

Je conseille donc aux jeunes médecins d'agir avec réserve et circonspection, afin d'éviter les mystifications, résultant de coupables imprudences, et aussi le désagrément de passer pour des ignorants aux yeux de tous ceux qui nous entourent. Ces gens là, concluant du particulier au général, n'ont plus, à l'égard des autres docteurs, ou officiers de santé, que le mépris, au lieu du respect qui s'attache à notre profession, quand elle est exercée avec l'habileté, qu'on a droit d'attendre d'un homme à qui tous les jours on confie son existence.

Un chirurgien, aux côtes de Terre-Neuve, n'est jamais sans occupation, sous le rapport des plaies, des furoncles, et surtout des panaris. Cette dernière affection, fort commune dans ce pays-là, y est déterminée sans doute par les transitions subites, d'une température très-chaude, à un froid excessif, par les piqûres des arêtes de poisson, des hameçons, etc., etc.

Je vais raconter succinctement, par rapport à ce genre de maladie, un fait qui m'a paru remarquable. Un homme vint un jour me consulter, pour un panaris au doigt indicateur de la main droite. J'appliquai, sur la partie malade, un cataplasme de farine de lin, et je répétai l'usage de cet émollient, jusqu'à ce que la peau prît une teinte jaunâtre, parsemée de quelques petits points en suppuration. Je détachai cette peau morte, et découvris trois petits foyers de suppuration. Après avoir sondé ces plaies je m'aperçus que la première phalange était cariée à son articulation, ainsi que l'os dans presque toute sa longueur. Je dis au malade que l'amputation était le seul moyen à employer ; il y consentit, tout en déplorant cette nécessité : car cette perte d'un doigt le mettait, à son retour en France, dans l'impossibilité de continuer son métier de cordonnier. J'y réfléchis, et remis mon opération au lendemain. La nuit porte conseil : à l'arrivée du patient, j'avais avisé à un autre moyen, et je me mis en devoir d'extraire l'os, en conservant les chairs, que je trouvais de bonne nature. J'élargis longitudinalement la plaie correspondant à l'articulation malade ; je saisis l'os avec des pinces à ligatures, et, à l'aide d'un bistouri à la lame étroite et pointue, tenu perpendiculairement, j'opérai très-promptement la désarticulation. Cet os, attiré en dehors, fut immédiatement disséqué dans toute sa longueur, et isolé de toute partie charnue.

Comme l'os de la deuxième phalange était aussi *nécrosé*, je cautérisai pendant plusieurs jours avec la pierre infernale, et pansai avec l'onguent jaune, légèrement camphré.

Peu de jours après cette opération, je vis avec plaisir une bonne cicatrisation se former. Le doigt, sauf une petite diminution en longueur, n'a rien perdu de sa forme normale. L'ongle est resté frais et intact, et le malade, se servant de son doigt comme par le passé, considère maintenant cet accident comme une chose insignifiante.

Tout plein de mon sujet, et comme entraîné par les faits qui se pressent dans ma mémoire, je puis perdre de vue l'ordre que je me proposais de suivre d'abord. Le lecteur voudra bien me pardonner un peu de décousu ; je compte sur son indulgence, si je suis assez heureux pour atteindre au but que je me propose : instruire et amuser. Je me rappelle donc qu'au chapitre précédent (page 61), j'ai nommé le *chaufaud*. Maintenant que nous voici bien installés, et tout occupés de nos travaux *alieutiques*, comme dirait un savant, il convient de donner la description du chaufaud ; elle ne sera pas longue : car l'édifice n'offre rien de bien compliqué dans sa construction : des sapins tronçonnés, rapprochés les uns des autres et placés horizontalement, en forment la base ou plancher, et d'autres troncs semblables, posés verticalement, constituent les côtés et les pignons, et supportent le faîte. La partie antérieure, correspondant à la mer, est appelée galerie ou poissonnerie ; elle est bornée par une saillie, formée d'autres corps de sapins, entassés longitudinalement à la hauteur d'un mètre, et ce, pour empêcher la morue, jetée sur le plancher, de retomber à la mer.

Au-dessus est une longue toile (1), que l'on cargue et largue à volonté ; elle est ainsi disposée pour préserver du vent et du froid ceux qui sont au travail sous cette sorte de hangar, et empêcher la

(1) A Terre-Neuve, elle porte le nom d'abat-vent; *carguer* et *larguer*, signifient rouler et dérouler.

vacillation de la lumière des lampes, quand on y travaille de nuit.

En arrière de la poissonnerie, et à une distance de cinq ou six mètres, sont les étaux des *décolleurs* et des *trancheurs ;* au point central, se trouve une division, large d'environ un mètre 1/2, par où l'on passe pour l'exploitation de la pêche.

A peu près au centre de ce grand carré long, est un enclos destiné au sel ; au-dessus de cette pièce, sont placés, dans certaines habitations, les lits des *chaufaudiers* ou gens de travail n'allant pas en pêche, mais dont le soin est de recevoir le poisson, et de le mettre en état d'être embarqué bien sec et bien conditionné.

Cette espèce de grande cage a une ou plusieurs entrées, et ressemble beaucoup aux autres cabanes, sauf qu'au lieu d'être couverte en planches, elle l'est d'une vaste toile, tendue de force avec des courroies, fixées sur tous sens aux montants des côtés.

De longues gaules ouvertes en Λ renversé (1), placées à peu de distance les unes des autres, et enfourchées sur le faîtage, sont saisies à leur extrémité inférieure, de manière à ce que le vent ne puisse avoir aucune prise sur cette tente.

L'étal sur lequel on habille la morue, est ainsi disposé : large d'environ un mètre 1/2, il laisse,

(1) On les nomme *tenailles.*

devant le décolleur, un intervalle par où tombent à la mer les têtes et les vidanges des morues, et à sa droite, une échancrure au-dessous de laquelle est posée, sur une petite table, une manne pour recevoir les foies.

Le décolleur se tient debout dans une moitié de baril, à laquelle on a pratiqué un large vide, pour lui en faciliter l'entrée ; il a devant lui un tablier bien goudronné, qui fait corps, pour ainsi dire, avec ce demi-baril.

Le trancheur est assis dans une chaise en bois, de hauteur proportionnée à celle de l'étal, et dont le siége, correspondant au-dessous de la table, est recouvert d'une toile goudronnée formant tablier, et clouée sur des cercles : on la suspend chaque fois que l'on quitte le travail. Le décolleur observe également les mêmes règles de propreté. Pour servir de point d'appui à la morue sous l'action du couteau, une tringle (1) est fixée en biais sur l'étal, et se termine en pointe, à une échancrure libre, pratiquée à la droite de ce dernier : en dessous, se trouve un traîneau, pour porter au saleur le poisson tranché ; à gauche est un créneau par où tombent les colonnes vertébrales, ou *raquettes*, détachées des morues.

Au-dessus de l'étal, sont des supports où sont

(1) Cette tringle, à Terre-Neuve, se nomme *chevalet*.

placées les lampes, que l'on n'allume maintenant qu'au grand besoin, c'est-à-dire, quand on craint la prompte décomposition du poisson : autrefois, quelle que fût la quantité de morue, on la tranchait et on la salait sans désemparer, aussitôt après son arrivée.

Au-dessous de tout l'appareil se font sentir le flux et le reflux de la mer, chose bien importante pour faire enlever au large les résidus de la morue tranchée, et prévenir par là l'émanation des gaz putrides et délétères.

Que l'on se figure maintenant voir face à face deux individus dans la tenue que je viens de dépeindre.

Le décolleur est armé d'un couteau pointu à deux tranchants, et porte une mitaine à chaque main.

Le trancheur a la main gauche enveloppée d'une moufle, et la droite est saisie d'un couteau à lame large et carrée; des mousses sont debout sur la poissonnerie, et des traîneurs sont dans la même posture, à droite des trancheurs. Le personnel ainsi disposé, il ne manque plus que le poisson : arrive une batelée de morue : le maître amarre son bateau à la galerie ; l'*hussas* ou troisième matelot, descend à terre pour préparer le repas de ses chefs ; et le *maître* et l'*avant*, chacun à leur bout, embrochent les morues avez les *piquois*, et les lancent sur la galerie du chaufaud. Les mousses les prennent par les yeux, et les rangent à gauche du décolleur (1).

Ce dernier saisissant la morue aussi par les yeux, l'égorge, et l'ouvre du même coup de couteau, jusqu'au nombril ; de la main droite il en ôte le foie, qu'il pousse dans une manne placée à droite de l'étal, et de la même main arrache d'un seul coup tous les boyaux, qu'il attire vers le collet du poisson ; puis imprimant au cou de ce dernier, étendu sur le dos, un mouvement de bascule, il le lui rompt, et déchire la peau au moyen de la main gauche, qui retient la tête sur le bord de la table, tandis que de la droite il pousse la morue, de manière à ce qu'elle se trouve rangée le long du chevalet du trancheur, aussi vite que les entrailles tombent à l'eau.

Ce dernier la prend par le *collet* gauche (2), la range au chevalet, et l'ouvre d'un seul coup, par le côté gauche, depuis le sommet de la nuque jusqu'à l'origine de la queue ; il la dirige ensuite vers l'échancrure de l'étal et, du second coup, enlève, depuis le nombril jusqu'à l'extrémité supérieure, toute la

(1) Le seul moyen de bien saisir ces gros poissons, est d'enfoncer le *médius* dans les orbites.

(2) On appelle *collet*, le bord saillant résultant de l'ouverture du ventre d'un poisson, jusqu'à son point d'insertion avec l'os de la mâchoire inférieure.

colonne vertébrale du poisson, en divisant par le milieu la substance médullaire ; la morue ainsi préparée glisse dans un traîneau, qui, quand il est plein, est immédiatement remplacé par un autre de rechange ; et les traîneurs, dont chacun fait le service pour 2 ou 3 étaux, vont, au pas de course, remettre entre les mains du maître saleur ces poissons aplatis.

Cet exposé, tout bref qu'il est, suffit, je crois, pour faire comprendre le mécanisme qui a pour but de rogner et d'aplatir les morues ; mais ce qui est étonnant, c'est d'en voir dix à douze, et même davantage, levées par les mousses, décollées et tranchées dans une minute.

Messieurs les officiers des navires, et parmi eux les chirurgiens et autres, qui sont engagés *officiers trancheurs*, s'acquittent de ce travail avec une surprenante dextérité.

J'ai résumé, en quelques vers techniques, le premier travail accompli sur la morue, une fois qu'on l'a sortie de son aquatique demeure :

Un matelot la jette, un mousse la ramasse,
Aux mains du décolleur rapidement la passe ;
Qui, lui serrant les yeux, debout dans un baril,
De son couteau-poignard, l'ouvre jusqu'au nombril ;
Deux doigts de la main droite en détachent le foie :
Sans tête et sans boyaux, avec force, il l'envoie
Au trancheur vigilant, armé de son couteau,

Qui la fait, en deux temps, tomber dans un traîneau :
La troupe des traîneurs, en crasseux équipage,
A ces mots : *L'âne pète* (1), en fait le charriage.

Le saleur est tout à la fois tonnelier et cambusier; et joue à Terre-Neuve un des principaux rôles dans l'apprêt qu'on fait subir à la morue : celle-ci est amenée à ses pieds ; il en commence la première pile à l'extrémité du chaufaud, en couchant le poisson à plat, la chair en haut, et les collets en dehors ; la rangée inférieure repose sur un lit de sel ; et chacune d'elles en reçoit, d'une main expérimentée, la quantité nécessaire à sa conservation ; le trop de ce minéral, brûlant la chair de la morue, ferait un tort considérable à sa vente.

Chaque pile est d'un mètre soixante centimètres de largeur, sur autant de hauteur, et d'une longueur variée.

Le chaufaud n'a pas toujours les mêmes dimensions, et change aussi dans sa forme, en raison du nombre d'hommes. Une habitation où se trouvent cent individus, doit, à la côte de Terre-Neuve, fournir à son armateur, d'après les règles du port de Granville, 4500 quintaux de morues sèches, ou 45 quintaux par homme. Il y a, dans ce cas, *pêche entière*, dont le cinquième est partagé entre l'équipage, et d'après les droits à prélever par chacun :

(1) Terme grossier, qui signifie que le traîneau ne peut recevoir plus de poisson.

car les uns n'ont que des avances ; les autres, un quart de lot, un demi-lot; et d'autres enfin deux lots et *pratique* (1). Si la pêche n'est pas entière, c'est-à-dire qu'on n'ait pas atteint au chiffre dont je viens de parler, on est payé au prorata, et toujours sur le prix de la vente de la cargaison.

Le local destiné à recevoir les produits de la pêche, doit être beaucoup plus vaste que celui d'une habitation, où il ne se trouve que quarante ou cinquante hommes ; aussi, eu égard à son étendue, le chaufaud reçoit deux toiles au lieu d'une, pour servir de toit ; alors les deux larmiers se joignent au milieu de la couverture et aboutissent à une large gouttière, d'où l'eau coule dans des barriques, ou bien est jetée hors du chaufaud, au moyen d'une série de conduits.

Chaque toile est séparément saisie par ces sortes de tenailles, que j'ai montrées sous la figure du Λ renversé ; mais quant à l'ensemble, la construction n'en reste pas moins la même.

Lors d'une pêche abondante, une pile (2) mon-

(1) La pratique est une barrique d'huile de foie de morue, et une autre barrique de morue sèche, du poids de 5 quintaux.

(2) Le *chaufaudier* chargé de dresser une pile, doit toujours avoir grand soin de la bomber à la partie centrale, pour que le poisson s'égoutte parfaitement, sans que l'eau de pluie puisse y demeurer stagnante en cas d'averse ; car il n'y a rien de plus préjudiciable que le *doucin*, amassé aux centres des piles de poissons salés. On appelle *doucin*, en terme de pêche, la combinaison de l'eau douce avec l'eau salée.

tée à hauteur en un ou deux jours, s'affaise considérablement ; mais d'abord, on en recommence une autre ; puis on recharge la première, et l'on poursuit de cette manière jusqu'à l'entier épuisement du sel, qui cède sa place au poisson empilé ; il n'est pas rare de voir arriver les piles en contact avec les étaux des trancheurs, qui peuvent alors remettre eux-mêmes les morues immédiatement aux mains du saleur : celui-ci, de concert avec ses coucheurs, continue de faire subir au poisson le même apprêt.

Quand on a le bonheur d'employer tout son sel, on place le maître saleur sur une chaise, on le promène triomphalement autour de ses domaines, en lui demandant s'il n'a pas encore de quoi saler quelques morues ? Et ce qu'il a fait de tout le sel qu'on lui a donné ? Il s'échange, dans cette cérémonie, par les réponses et les questions, une série d'allocutions joviales, qui font rire aux éclats ; et le triomphe se termine par une petite fête pleine d'allégresse, et qui me semble trop originale, pour que les détails en soient passés sous silence : j'en dirai deux mots en parlant du *cageot*.

Le lavoir est, comme le chaufaud, composé de corps de sapins de taille moyenne, formant plancher ; il est attenant à la poissonnerie, extérieurement érigée sur pilotis. La surface en est plus ou moins élevée au-dessus du niveau de la mer, en raison des obsta-

BIBLIOTHÈQUE

cles qu'offrent les rochers, ou le manque total ou partiel d'eau, à l'instant du reflux. Cette sorte de pont, en rapport direct avec le sol, peut être librement parcouru dans toute sa longueur, par des brouettes, ou des civières, dont on se sert pour le transport du poisson. A son extrémité vers la mer, s'élèvent des garde-fous ; et à 1 mètre 70 centimètres de ces derniers, sont ménagées une ou plusieurs larges ouvertures carrées, que l'on nomme : *Lanternes du lavoir*. Par chacun de ces carrés, sort un gros pieu, de 5 à 6 mètres de hauteur, y compris la portion implantée dans la partie rocailleuse du fond de l'eau. Ces piliers se nomment : *Dames du lavoir* (1) ; et sont liés entre eux, à leur partie supérieure, par de fortes gaules clouées latéralement ; et par deux autres placées en X , et qui se croisent à la partie centrale de ce carré, où est attachée une poulie. A deux de ces piliers ou *dames* sont attenants deux autres piliers, cloués au plancher même et s'élevant à la hauteur des dames. Ils sont destinés à recevoir les extrémités de l'axe d'un treuil, ou moulinet, servant à hisser et affaler des mannes, dont les anses sont saisies par des crochets en fer.

Le carré de ce pont est rendu très-solide, par plusieurs pieux implantés et fixés perpendiculaire-

(1) Ce nom vient, sans doute, de ce qu'on les termine par une tête, ayant quelque ressemblance avec les poupées en bois, dont nos villageoises se servent pour coiffer leurs bavolets.

ment sur les parties latérales des lanternes, et qu'on nomme : *Piquets d'attente.*

Il faut, dans l'espace dont je viens de faire la description, un appareil propre à exécuter l'opération du lavage de la morue.

On se sert, à cet effet, de la *cage* et du *rabot* : la cage est composée de petits barreaux arrondis, fixés perpendiculairement par le bas, dans un bon plancher, et par le haut, dans de fortes traverses équarries. Les barreaux, ainsi que les traverses, n'ont guère plus d'un mètre d'élévation ; et sont reliés entre eux par le moyen de cordes, disposées en forme de mailles de filet ; et ce, pour empêcher le poisson, par suite des différents mouvements qu'on lui imprime en rabotant, de passer à travers le grillage. On affale cette cage dans l'eau, à l'aide de quatre poulies doubles ; et comme il se trouve un vide entre la lanterne et la cage, on met un filet en contact avec ces deux pièces, pour arrêter les poissons qui tomberaient à l'eau et seraient perdus, lorsque avec une civière, qu'on ne retient que d'un côté par l'extrémité des manches, on y lance, par une saccade, la morue extraite de la pile.

Chaque laveur, muni d'un *rabot* ou longue gaule, au bout de laquelle est emmanché transversalement un morceau de bois de forme convexe, et d'une longueur de 25 centimètres, agite et tourne en tous sens la morue, maintenue dans l'eau en état de suspension, par le mouvement prompt et continuel de cet instrument. Quand elle est bien nettoyée, ce qui a lieu promptement, on hisse la cage pour assécher le poisson ; et un matelot qui, pendant cette opération, porte le nom de *Perroquet*, descend et met dans les mannes, soit avec la main, ou une pelle en bois, trouée en plusieurs endroits, cette morue qu'on hisse, et qu'on porte immédiatement sur la *grave*, au moyen de civières ou de brouettes ; là, on en forme de nouveau une pile, à laquelle on donne le nom de *fumier*.

On donne le nom de *cageot* à l'appareil destiné à la préparation de l'huile de foie de morue. Il se compose d'un échafaudage carré, haut de trois à quatre mètres, construit avec des poutrelles placées les unes perpendiculairement, les autres horizontalement, et fixées avec des coins et des chevilles. La longueur en est à peu-près égale à la hauteur. Ce petit édifice est bâti sur le bord du rivage, afin que tous les résidus qui en proviennent, soient enlevés par la mer.

A la partie inférieure, les montants sont en rapport avec un plancher, dont les côtés sont garnis de fortes planches, jusqu'à hauteur de 50 centimètres environ. Cette pièce, absolument semblable à *l'émoi* d'un pressoir, est calfatée et brayée. Du haut de la construction partent en glacis de petites gaules de sapin, bien droites, dont le gros bout est équarri, afin qu'elles s'entretouchent seulement à leur base, sur le centre du bassin : car, un peu plus haut, on découvre entre elles un petit vide, croissant graduellement, jusqu'à la partie supérieure du carré, contre laquelle on les cloue. Les gaulettes sont tapissées en dessus d'une étamine ou serpillière, à travers laquelle se filtrent et le sanguin et l'huile des foies de morues, pour se répandre dans l'émoi ou bassin. A ce bassin sont adaptées deux canules, dont l'une, destinée à expulser le sanguin ou eau rousse, est percée à six centimètres en dessus, et à côté de l'autre canule, servant à tirer l'huile.

On débouche d'abord la canule du sanguin, et l'on y rajuste le bouchon quand l'huile commence à venir ; puis on tire, par l'autre canule, l'huile que l'on met en barriques. Le tonnelier, après les avoir roulées sous un appentis, qu'en terme de pêche on appelle *vaugeard*, les y met en chantier, et les bonde de manière à ce que la fermentation n'y cause aucun préjudice.

L'ensemble des petites gaules munies d'étamine se nomme *lanterne* ; par leur réunion, elles forment comme un entonnoir carré, et, à leur base, sont éloignées des bords du bassin de 33 centimètres environ.

A l'extérieur et sur les bords inférieurs du bassin, est clouée, tout alentour, une serpillière, qui l'est pareillement sur les gaulettes de la lanterne.

Ce procédé a pour but d'empêcher la *chape* écumeuse qui recouvre l'huile, d'être divisée par le vent et la pluie ; ce qui déterminerait l'absorption de l'huile même, par son contact avec l'air extérieur. Un pont, érigé sur pilotis et bordé de rampes en troncs de sapin, permet, par sa pente douce, de monter aisément au sommet de la lanterne, dans laquelle on jette les foies de morue, qui, une fois décomposés par la chaleur, produisent beaucoup d'huile. La quantité qu'en tire le tonnelier, est en effet considérable, quand la pêche est abondante; celle-ci doit être estimée comme telle, quand, à la fin de la campagne, on possède autant de barriques d'huile, que d'hommes d'équipage.

Peu de jours avant le départ de Terre-Neuve, on élève à la température de l'eau bouillante les matières contenues dans le cageot ; et voici comment on doit s'y prendre, quoique d'ailleurs ce procédé ne soit pas généralement adopté par tous les directeurs d'expédition. On jette d'abord par le haut de la lanterne, sur le résidu des foies de morues, de l'eau tiède, puis de la chaude, et enfin de la bouillante, agitant bien le tout avec un rabot.

On réitère cette manœuvre pendant plusieurs jours, en ayant soin d'user d'une chaleur graduée, pour que l'huile puisse s'extraire naturellement comme par l'effet du soleil ; il n'en reste, après cette expédient, qu'une quantité bien minime dans le dépôt, et ce dernier est vendu aux corroyeurs pour l'apprêt des cuirs. On s'en sert aussi pour enduire les bateaux de pêche, en y incorporant une petite quantité de goudron ; ce mélange rend imperméables les coutures calfatées, aussi bien que les cabanes couvertes en planches, sur lesquelles sont collées des toiles ou des papiers goudronnés.

L'huile de foie de morue ayant fait fureur dans le traitement des maladies scrofuleuses, et autres affections de ce genre, on devrait, si l'expérience l'a fait reconnaître comme un spécifique assuré, conseiller aux malades riches, et d'une disposition lymphatique, d'aller séjourner à Terre-Neuve pour y boire à leur aise l'huile régénératrice dans toute sa pureté, et revenir au sein de leur famille, frais comme des roses, et le tempérament heureusement modifié.

Après avoir retracé les travaux nécessaires pour la préparation de la morue, il nous sera bien permis de nous égayer un moment par le récit de la promenade triomphale du saleur. Rien de plus original que cette fête, dont la célébration fait rire aux éclats. On apporte d'abord une civière, sur laquelle on dépose une couronne tressée avec des branches de bouleau, de sapin et de génévrier entremêlées. On vous empoigne le saleur une fois couronné, on vous le couche sur la civière tapissée de verdure, puis quatre hommes mettent, chacun, sur leur épaule, un des manches. Jusque-là, cette cérémonie bouffonne semblerait un souvenir d'une inauguration mérovingienne. On ajuste le pavillon national sur un manche de rabot, et le porte-drapeau s'approche du cortége. Les soldats en uniforme de différents genres, et consistant le plus communément en habits à queue de pie, chamarrés de fleurs champêtres, d'ailerons de morue, et de capelans en forme d'aiguillettes, sont là, debout, attendant le signal du départ. Chacun d'eux a la tête recouverte d'un chapeau tricorne fleuri, auquel il a préalablement donné la tournure voulue par les règlements.

Le capitaine de cette troupe est choisi parmi les décolleurs ; il s'avance en uniforme et la tête recouverte d'un long bonnet pointu et fleuri ; deux fauberts (1) lui servent d'épaulettes ; et l'on voit à son côté une longue épée de bois suspendue à une bandoulière de toile ; il lance sur les soldats des regards sévères, indicateurs du respect qu'ils doivent à leur chef. Le second saleur et les coucheurs armés de piquets, sont placés en arrière de la civière. Viennent ensuite quatre décolleurs, armés de sabres en bois, avec des bandoulières en funin goudronné.

L'un porte une barrique en sautoir, pour servir de grosse caisse ; les trois autres des gamelles en guise de tambours.

(1) Sorte de balai de cordes.

Au mot de *portez armes*, on voit se dresser une forêt de manches de rabot et de pelles à sel ; et à celui de : *en avant*, *marche*, il se fait sur les gamelles et les barriques, un épouvantable tintamarre, jusqu'au lavoir, où le silence le plus profond succède au plus bruyant vacarme.

Une voix dure et magistrale, s'adressant au saleur triomphalement porté, lui dit d'un ton sévère :

Qu'as-tu fait de ton sel ?

On me l'a volé.

Qui te l'a volé ?

C'est le capitaine.

Des soldats se détachent et vont chercher le capitaine : A l'arrivée de celui-ci, le chef de la troupe lui fait part, en ces termes, de l'accusation portée contre lui :

Le saleur vous accuse de lui avoir volé son sel ; nous demandons que justice soit faite à l'égard du voleur, et nous sommes dans l'intention de punir sévèrement les coupables. Quant au saleur, nous allons le noyer, s'il ne justifie de l'emploi qu'il a fait du sel...

« Ah ! mes amis, répond le capitaine, je vous demande grâce pour lui ; je vais vous montrer ce que le sel est devenu ; le pauvre saleur n'est pas coupable, ni moi non plus : venez avec moi sur la *grave*. »

Le cortége s'achemine, avec le même carillon ;

et le capitaine, ayant à la main un long bâton de bois blanc, fait signe d'arrêter à la porte de la grande cabane. La troupe forme le demi-cercle, et chacun avale un verre d'eau-de-vie, qui lui est présenté par le maître-d'hôtel.

Et le rataplan recommence pour la justification du maître saleur. Le capitaine, montrant du bout de sa canne l'emplacement des piles de morues, s'écrie : « Mes enfants, voilà le sel. » Des bravos se font entendre de toutes parts ; on fait le tour de cette grave, au bruit des chansons, des gamelles et des barriques, et l'on reporte à son domicile le saleur disculpé, qui s'empresse de régaler les amis, et la clôture de ce petit carnaval terre-neuvien s'opère par une sorte de gala, frisant un peu l'orgie.

J'ai parlé de la manière de prendre la morue, de la décoller, de la trancher, de la saler et de la laver. J'ai dit qu'au sortir du lavoir, appareil dont j'ai tâché de dépeindre la structure, la morue est mise en fumier (1), couchée à plat, la peau en dessus ; elle est, en peu de temps, privée d'humidité, celle-ci s'égouttant aisément par suite de la position des poissons en glacis.

(1) Cette pile est absolument semblable à celle où la morue a reçu le sel, mais beaucoup plus petite.

La grave est une étendue de rivage plus ou moins considérable, que l'on couvre de petits cailloux ; et c'est là-dessus que s'opère le travail de la *sècherie* ; comme aussi sur des branches que l'on entasse aux endroits où il n'y a pas de pierres ; ou bien encore sur des branches d'aune et de sapin, disposées en forme de claie, à la hauteur d'un mètre environ, et auxquelles on donne le nom de *vignots*.

La morue transportée par beau temps sur cette plateforme, y est étendue la chair en dessus, et y reste exposée pendant tout le jour, à l'action de l'air et du soleil ; le soir, on la ramasse ; on en couche sept ou huit du même sens, les unes sur les autres ; la peau de la première est tournée vers le sol, et celle des autres est en haut : c'est ce que l'on nomme *faire des javelles*.

Le lendemain, si le temps est favorable, on la remet au sec, et l'on en fait un amas plus ou moins considérable, en employant toujours la même méthode, sauf la forme : on met les queues de ces poissons en rapport les unes aux autres, et les oreilles ou collets se trouvent aux deux extrémités ; ce petit monticule bombé, et bien échancré à sa partie centrale, fournit un égout à la pluie, en l'empêchant de pénétrer intérieurement ; ces monceaux de poissons portent le nom de *balles*. La morue, de nouveau remise au sec, peut ensuite être empilée.

Le capitaine ou le gérant de l'opération, indique, en raison de la quantité de poisson, la circonférence que l'on doit donner à la pile (1), et le tour inférieur étant bien dessiné, les officiers chargés de faire l'arrimage se placent autour de la pile ; les matelots leur apportent, sur l'épaule gauche, des charges de 20 à 25 morues, bien rangées sur le même sens ; les officiers saisissent ces charges de poissons, et les étendent tout d'un coup à l'endroit qu'ils jugent convenable ; on élève cette pile en forme circulaire et pyramidale, ressemblant parfaitement à la partie supérieure d'un colombier. Les morues qui doivent servir d'abri à toutes les autres, recouvrent ces poissons, comme les ardoises recouvrent une charpente disposée pour les recevoir.

On a souvent vu, après des pêches abondantes, des piles de morues passer l'hiver à Terre-Neuve sur la grave, et l'année suivante, on n'avait qu'à se louer de leur parfaite conservation. On se contentait de déposer la première couche près du sol sur une plate-forme en bois, et de recouvrir le tout d'une toile goudronnée.

La cargaison étant suffisamment sèche, on donne

(1) L'instrument dont on se sert pour décrire la circonférence, s'appelle *semelier* ; c'est une espèce de grande règle plate, à l'extrémité de laquelle se trouve un clou, que l'on enfonce en terre ; cette règle porte différentes marques, nommées *semelles* : et remplit les fonctions du compas dans la confection du cercle. Le nombre de semelles indique la grosseur ou le diamètre de la pile.

à la quantité que l'on veut mettre à bord, chaque jour de beau tems, le dernier soleil, que l'on appelle *soleil d'embarquement*. De là, elle est transportée dans le pays où l'on suppose que la vente offrira le plus d'avantage dans l'intérêt de l'armateur, dont le capitaine a reçu les ordres avant le départ du navire, et aussi dans l'intérêt de l'équipage, à qui revient le cinquième, sur le produit net de la vente, selon l'usage du port de Granville.

Les principales expéditions se font à St-Pierre de la Martinique, à la Pointe-à-Pitre, colonies françaises des Antilles: la prime accordée dans ces pays aux navigateurs dont les bâtiments y arrivent chargés de ces poissons salés, étant assez lucrative, on y en apporte de très-grandes quantités; c'est un des meilleurs débouchés.

Il s'en fait également en France un immense commerce, à Marseille, à l'île de Rhé, à la Rochelle, à Bordeaux, au Havre de Grâce, et dans tous les ports de France, où ont lieu les armements.

Cette navigation terre-neuvienne, en même temps qu'elle forme des marins pour l'État, a donc, pour but principal, la pêche et la vente de la morue; mais, comme tous les travaux de l'homme, et plus que beaucoup d'autres, sans doute, elle a ses accidents, ses dangers. Indépendamment des indispositions qui surviennent à la mer, un homme peut se blesser ou tomber malade. Or, combien est terrible la position d'un matelot, si l'équipage avec lequel il est embarqué, est privé des secours d'un bon médecin, surtout quand le navire doit encore battre longtemps la mer avant de pouvoir gagner l'attérage! Le pauvre malade ne court-il pas le plus grand risque de périr victime de l'imprévoyance, du manque de soins bien administrés?

Et ici, j'en appelle à vous, anciens de la marine! à vous, redevenus paisibles habitants du continent, et qui jouissez sur cette terre des fruits de vos honorables labeurs! Vous pouvez joindre votre voix à la mienne, et m'aider à rendre un service éminent aux pauvres marins, à ceux-là peut-être avec lesquels vous avez combattu pour l'honneur de la patrie, ou dont vous avez partagé les travaux pour sa prospérité!

Autrefois, un navire ne fût-il monté que par 20 hommes, devait avoir à bord un médecin; aujourd'hui, voyez la loi! Voyez surtout comment elle est exécutée! Quelles garanties d'expérience et de capacité exige-t-on des jeunes gens, qu'on a la hardiesse de qualifier de docteurs, qui ont eux-mêmes l'impudence d'usurper ce titre? A quelles formalités sérieuses sont-ils assujettis pour leur réception? La plupart ne sont bons tout au plus qu'à mettre en pratique cet adage de la satire antique: *Faciamus experimentum in animâ vili.*

La seule pensée d'aussi coupables abus ne fait-elle pas frémir d'horreur celui qui a le moindre sentiment d'humanité! Je me suis souvent, mais en vain, occupé de l'amélioration du service sanitaire de la marine du commerce; peut-être mes efforts eussent-ils été couronnés de succès, si le ciel eût conservé, à la science et à l'humanité, mon vénérable maître, le baron Larrey; mais une mort inopinée l'enleva, comme on sait, au retour de sa campagne d'Afrique, où le roi Louis-Philippe l'avait chargé de la mission d'organiser le service chirurgical et sanitaire des hôpitaux et des armées dans cette colonie.

Déchu dans mes espérances, je ne renonçai cependant pas à mes tentatives pour obtenir une réforme si utile, si intéressante pour nos marins. J'adressai, en 1850, une demande au Président de la République. Voici, textuellement, la réponse que j'eus l'honneur de recevoir :

« La pétition adressée au Président de la République, par M. Carpon, étant dans les attributions du ministère de la marine, y a été renvoyée le 3 juin 1850. »

« Le secrétaire général de la présidence a l'honneur d'en donner avis à M. Carpon. »

Or, ma pétition rappelait d'abord, au souvenir de M. le Président, les éminents services que M. le baron Larrey, l'intime ami de l'Empereur, avait rendus à l'armée, par l'application de ses ingénieux appareils, fruits de sa profonde expérience chirurgicale ; par l'admirable invention de ses ambulances volantes, qui, permettant de recueillir les blessés jusque sous le feu de l'ennemi, épargnaient un sang précieux à la patrie.

Je faisais connaître ensuite les nobles intentions du célèbre chirurgien à l'égard des marins : car la tâche de cette belle âme n'était pas encore remplie : il voulait, avant de terminer sa glorieuse carrière, étendre ses bienfaits sur la marine du commerce, en établissant pour cette dernière un service sanitaire irréprochable ; mais, malheureusement, la mort n'attendit pas l'accomplissement de ses généreux projets.

Malgré d'aussi fâcheux contre-temps, je ne puis cependant renoncer à l'espoir de voir se réaliser ces humaines réformes : la proposition en avait été accueillie avec un bienveillant empressement par un homme, dont l'âme ne pouvait demeurer insensible à rien de ce qui touche au bien-être de ses semblables, à l'honneur et à la prospérité du pays. Ses nobles intentions ne seront pas méconnues.

Dans l'état actuel des choses, pour que la présence d'un chirurgien soit requise à bord, il faut que le navire soit monté par quarante hommes d'équipage, non compris les mousses : *notez bien ce point-ci :* car ces pauvres enfants, dont le nombre varie au gré de l'armateur, n'ont pas droit, probablement à cause de leur âge tendre, de figurer parmi les hommes ; leur présence à bord est considérée comme non avenue. Ne voilà-t-il pas de la philanthropie de bon aloi !

Malheur donc, au moins presque toujours, à celui qui tombe malade sur un navire où il n'y a pas de chirurgien !

L'infortuné souvent expire, quand le moindre secours, convenablement administré, l'eût peut-être soustrait à une mort prématurée.

Ne serait-il donc pas urgent que, du moins, le gouvernement avisât à ce qu'aucun capitaine ne prît le commandement d'un navire quelconque, sans, au préalable, savoir au moins faire une saignée à propos ; introduire une sonde dans le canal de l'urètre, en cas de rétention d'urine ; arracher une dent, et connaître assez la charpente osseuse, pour remettre droit un membre rompu, et la tête d'un os dans sa cavité ?

Cette étude, qui n'exigerait pas plus d'une journée de travail, sous les yeux d'un chirurgien, sauverait la vie d'un infinité d'excellents serviteurs de l'État, qui se voient mourir dans la fleur de l'âge, en laissant souvent après eux une famille dans la misère.

Jamais, non plus, les navires de commerce ne devraient sortir d'un port sans être bien pourvus de paratonnerres, et de bouées de sauvetage, disposées de manière à être lancées presque aussi vite qu'un homme tomberait à l'eau : combien de fois n'ai-je pas été témoin de ce cruel et déchirant spectacle ! Combien n'ai-je pas vu de pères de famille disparaître pour toujours dans l'abîme, en jetant les cris du plus affreux désespoir, avant qu'on eût pu virer de bord et mettre des canots à la mer ! Il ne nous restait plus qu'à prier Dieu pour le repos de leur âme.

Ces faits déplorables ne devraient-ils pas éveiller la sollicitude d'un gouvernement paternel? Espérons, pour l'honneur de l'humanité, que l'administration qui préside à la marine française, prendra des mesures pour prévenir ces accidents affreux, dont le seul souvenir navre l'âme de ceux qui en ont été spectateurs.

CHAPITRE VI.

Découverte de l'île de Terre-Neuve. — Beautés de la nature dans ces parages. — L'espadon et la baleine. — La baleine et le capelan. — Les habitants de Terre-Neuve. — Commerce. — Caractère. — Mariages. — Climat. — Aspect du pays. — Cultures. — Coup d'œil sur diverses sortes d'oiseaux. — Les indigènes. — Leur état ancien et actuel. — Leurs mœurs et usages. — Leur bonne foi. — Baie des Criguets. Marées. Température. — Beaux jours d'été. — Les moustiques. — Moyens de se préserver de leurs piqûres. — Bière de sapin.

Tous les lecteurs ne pourront s'intéresser également à nos travaux, si importants d'ailleurs, de la pêche et de la préparation de la morue. Mais la nature, infinie dans sa variété, comme elle est inépuisable dans sa fécondité, va nous fournir les moyens de défrayer les intelligences qui se plaisent à la contemplation de ses merveilles. Si nous ne pouvons nous flatter d'amuser toujours les esprits légers et superficiels, au moins espérons-nous procurer quelque satisfaction aux hommes désireux de s'instruire.

Et d'abord, disons un mot de la découverte de cette grande île de Terre-Neuve, devenue l'école de la marine française, peut-être pourrait-on dire de la marine européenne.

A qui l'Europe est-elle redevable de la découverte de l'île de Terre-Neuve ? C'est probablement, ce qu'il ne serait pas possible de décider d'une manière certaine, même aujourd'hui ; voici, du reste, les renseignements que nous fournissent à ce sujet les biographies.

L'opinion la plus générale est que Sébastien Cabot, anglais, né à Bristol, avait visité la côte orientale de l'île de Terre-Neuve. On lisait sur une ancienne carte, vue dans les appartements de la reine d'Angleterre : que Jean Cabot, et son fils Sébastien, avaient découvert une terre le 24 juin 1497, à environ 5 heures du matin; elle fut appelée NEW-FOUND-LAND en anglais, ou : *Terre-Neuve.*

Jacques Cartier (né à St-Malo), à la suite d'une navigation très-heureuse, vint attérir, le 10 mai 1534, sur la côte orientale de Terre-Neuve. La narration de son voyage nous fait connaître que Cartier avait dirigé sa navigation sur un plan très-bien conçu, et qu'il l'a exécutée avec courage, habileté et persévérance.

Sir Humphrey Gilbert, brave officier et navigateur anglais, vit Terre-Neuve le 30 juillet 1583. Il entra dans la baie St-Jean, reçut en présent des provisions de tous les bâtiments anglais et étrangers, et notamment des Portugais. Le 5 août, Gilbert, ayant dressé sa tente à terre, convoqua tous les capitaines, leur lut les lettres-patentes de la reine

Elisabeth, et en sut interpréter la teneur aux étrangers. Il prit en conséquence possession solennelle de la baie; et de deux cents lieues d'étendue en tous sens.

On examina le pays; on le trouva très-convenable pour un établissement, et l'on s'occupa des préparatifs nécessaires, pour aller reconnaître les parages et les cantons voisins (1).

Loin de nous la prétention de faire de la science, à propos d'une question dont la résolution définitive exigerait un travail spécial et peut-être long! Nous ferons seulement observer que ces notices, aussi erronnées par le fond qu'elles pèchent par la forme, semblent ne tenir aucun compte de l'expédition du portugais CORTÉRÉAL, auquel on attribue la découverte de Terre-Neuve en 1500.

Nous dirons ensuite que Jean Cabot était un vénitien au service de Henri VII, et qu'il découvrit en 1497 quelques côtes de l'Amérique septentrionale entre le 56e et le 58e ° de latitude nord. Il aura pu toutefois visiter les côtes orientales de Terre-Neuve, en compagnie de son fils Sébastien Cabot. On a de lui la narration de son voyage publiée à Venise, en 1586, quelques années après sa mort, sous ce titre: *Navigazione nelle parti settentrionali.*

(1) Je dois ces quelques renseignements à mon honorable professeur de rhétorique, M. Julien Letertre, membre de l'Académie de Caen, aujourd'hui bibliothécaire de la ville de Coutances.

Ainsi, en admettant que notre île soit au nombre des terres reconnues et visitées par Jean et Sébastien Cabot, ce serait à ces Italiens que reviendrait l'honneur de la découverte, à une époque bien antérieure aux voyages de tous les autres.

Toutefois nous ferons remarquer encore que la mémoire de *Jacques Cartier*, ce navigateur assez honoré pour la découverte si importante du Canada, s'est perpétuée jusqu'à nos jours à Terre-Neuve, dans les dénominations données à quelques localités. Ainsi, dans le havre de Quirpon, à la distance de 6 milles des îles du *Sacre*, à tribord en entrant, se trouve une île que l'on nomme : *Jacques Cartier*, et le chenal pour y accéder porte aussi le nom de *Passe de Jacques Cartier*.

Dans les parages de Terre-Neuve, si redoutés des navigateurs pendant la durée de la banquise (car la côte est généralement très-saine), les temps de calme plat peuvent être, pour celui qui jouit d'une bonne santé, des moments délicieux ; il peut alors contempler à loisir les beautés des plus charmants ou des plus curieux spectacles de la nature : aussi, comme j'ai l'avantage, étant à la mer, de n'éprouver aucune gêne des fonctions de l'estomac, et de conserver par conséquent un bon appétit, je m'égayais beaucoup à jouir des magnifiques coups d'œil, qui, dans les jours à demi-sereins, s'offraient par fois à nous.

Rien d'admirable comme les couchers de soleil, par la variété infinie des reflets et la décomposition de la lumière. Aux approches du grand banc, un temps de cette sorte met en mouvement les cétacés, tels que : baleines, espadons, cachalots, souffleurs ou longs museaux, taupes et marsouins.

L'espadon est l'ennemi juré de la baleine ; par suite de cette implacable antipathie, il s'engage, entre eux, quand ils se rencontrent, un combat à mort. Dans cette lutte de désespoir et de rage, l'espadon s'élance hors de l'eau avec la rapidité de l'éclair, et retombe aussi vite pour enfoncer sa scie dans le corps de la baleine, qui plonge et fait des culbutes, pour parer les coups terribles d'un adversaire qui veut la tuer, ou mourir avec elle : bientôt elle remonte à la surface, souffle l'eau avec grand bruit par ses évents, et emploie pour son salut une foule de manœuvres, que lui suggère son instinct ; elle finit quelquefois par se débarrasser de son ennemi.

On prétend que l'espadon, après avoir percé la baleine, y demeure constamment accroché, et que tous deux périssent après un certain temps, proportionné à la gravité des blessures ; mais aussi que la baleine met souvent son ennemi hors de combat, en l'écrasant d'un coup de queue.

La baleine de la côte de Terre-Neuve est la *fine bague ;* beaucoup moins volumineuse que celle des mers du sud, elle est aussi infiniment plus leste dans ses mouvements, et conséquemment fort difficile à joindre. J'ai vu faire, pour cette pêche, des essais infructueux à la côte de Terre-Neuve ; les baleines échappaient aux efforts des pêcheurs, avec quelques légères égratignures. A l'arrivée du capelan dans les havres, on l'y voit poursuivi par des troupes prodigieuses de baleines, dont les coups de queue, pour assommer et étourdir ces petits poissons, vous empêchent souvent de dormir. Le fracas épouvantable, déterminé par la violence de la commotion imprimée au liquide, et reproduit par les échos des chaînes de montagnes (1), est répété en cent endroits différents, d'une manière si bruyante, que l'on croirait volontiers, surtout pendant le silence des nuits, à l'éboulement d'une haute montagne.

Il arrive fréquemment, en allant à Terre-Neuve, que l'on se trouve par un temps calme, sur un des points du grand banc. On est sûr d'y pêcher de la morue.

Si vous en éventrez une, et que vous mettiez votre main en rapport avec ses entrailles, vous verrez qu'elles sont glaciales ; et l'on pourrait, à l'aide d'un thermomètre, déterminer approximativement la température du fond de ces mers, la-

(1) Parmi ces montagnes de Terre-Neuve, je ferai remarquer en passant la chaîne des Aiguillettes, qui offre de la pierre calcaire d'excellente qualité ; et il y en a sans doute bien autre part.

quelle devrait être analogue, selon le degré de profondeur, à celle des morues, et autres poissons de cette sorte. Mais quant aux volumineux animaux dont j'ai parlé tout à l'heure, ils ne changent guère de température par leur séjour dans les mers du nord, quelque froides qu'elles soient. Les monstres marins de la famille des cétacés ont le sang tout aussi chaud à Terre-Neuve, dans la baie de Baffin, d'Hudson et dans le détroit de Davis, que dans les mers du sud.

Les veaux marins, amphibies dont on fait d'énormes destructions à Terre-Neuve, ont aussi le sang extrêmement chaud, quoique vivant toujours parmi les montagnes de glace et dans les mers les plus froides.

Plus tard, nous parlerons des autres animaux habitant à Terre-Neuve même ; mais auparavant disons un mot de la population européenne et des indigènes de cette île.

Les colons de Terre-Neuve sont presque tous d'origine anglaise et irlandaise ; leur industrie s'exerce surtout à la pêche. Leur principal commerce est celui de la pelleterie, de l'huile de poisson, des veaux marins et des bois de construction.

Beaucoup habitent le littoral, dans les havres où les Français font la pêche ; on les y tolère bénévolement ; car, d'après les traités, nous avons le droit exclusif de faire la pêche à la côte E. de Terre-

Neuve, et d'empêcher tout Anglais de s'y livrer, dans les lieux qui nous sont légués pour cet objet.

Mais les intérêts réciproques et la bienveillance naturelle ont annulé ces règles rigoureuses de la diplomatie ; non-seulement on a cette tolérance pour les colons, mais on leur fournit encore tous les moyens de gagner leur vie, en leur procurant tous les engins nécessaires. En récompense de ces services, ces habitants nous en rendent bien d'autres : ils veillent, après notre départ, à l'entretien de nos cabanes, habitations et chaufauds, empêchent les dilapidations de quelques mauvais garnements, qui pourraient tous les jours faire manquer une opération, dont la mauvaise issue ruinerait quelquefois un armateur.

Quand on a reconnu des surveillants dignes de confiance, on leur laisse, avant le départ, des provisions de toute espèce : beurre, graisse, lard, farine, biscuit, cidre, vin, eau-de vie, lignes et filets. Ce grand approvisionnement, joint à leur chasse journalière, les met à même de bien passer l'hiver.

Pendant cette saison, quand le temps le permet, ils chaussent les raquettes, pour marcher sur la neige, et vont au loin couper de gros sapins, qu'ils apportent à leur habitation sur des traîneaux ou *traînes* à roulettes, attelées d'un nombre plus ou moins considérable de leurs gros et forts chiens. Ils lancent aussi ces arbres du haut des montagnes, où les neiges ont formé des glacis, et d'où, pendant l'été, il serait impossible de les descendre. Dans la belle saison, ils vont à la découverte, marquent les arbres de quelques coups de hache, et dès ce moment ils en sont propriétaires aux yeux de leurs voisins, qui se feraient un crime de s'en emparer. Cette règle de bienséance et de probité est généralement bien observée. Ces colons, du reste, sont naturellement paresseux, et, quand ils ont de quoi boire et manger, le travail leur est à charge : ainsi beaucoup d'entre eux vont concevoir le projet de construire une cabane, ils en font la charpente, et au bout de dix ans, ils n'ont pas encore fait le remplage ; il faut, pour les y décider, une irrésistible nécessité ; par exemple, la chute ou la ruine de la demeure où ils reposent. Sans leur extrême indolence, ces êtres insouciants deviendraient fort riches, pour la plupart, s'ils le voulaient ; et fort heureusement on en voit quelques-uns qui le veulent bien. Les colons, gardiens des habitations des havres, sont à la merci de quelques négociants, envers lesquels ils sont endettés pour des sommes considérables ; il s'ensuit que ces pacotilleurs obtiennent à vil prix, de ces misérables, des marchandises fort précieuses, en échange desquelles ils leur donnent des vêtements, des vivres et des boissons.

Les principaux entrepôts sont à Saint-Jean, capitale de Terre-Neuve. Avantageusement située au S.-E. de l'île, elle a un beau port, dont l'entrée est défendue par une tour, et des forts hérissés de canons. La ville, peuplée de 18 à 20,000 habitants, se présente à droite en forme d'amphithéâtre. Un incendie horrible éclata, il y a quelques années, au centre de cette ville: mille à douze cents habitations devinrent la proie des flammes.

Depuis cette époque, on a rebâti les maisons, en pierre, à chaux et à sable. Les femmes y sont belles; chez quelques-unes, des cheveux et des sourcils bruns contrastent avec des yeux bleus; et la carnation, chez les deux sexes, annonce un tempérament sain et vigoureux; aussi, comme en Russie, y voit-on des exemples surprenants de longévité.

Les colons laborieux, et conséquemment riches, ont à eux des goëlettes, et vont eux-mêmes vendre et acheter, à prix débattu, tout ce qui leur est nécessaire pour leurs besoins domestiques. Ils ont souvent des familles nombreuses; j'ai vu de très-jeunes femmes avoir douze ou quinze enfants.

Dans ce pays-là, quand une fille se marie, on lui fait jurer ainsi qu'à son futur, la main sur l'évangile, d'observer fidèlement les lois du mariage; les conventions en ont été stipulées par un fondé de pouvoirs, remplissant les fonctions d'officier de l'état civil.

Le mariage est plus tard sanctifié par la célébration religieuse, lors du passage d'un prêtre.

La fille, en quittant la case paternelle, reçoit, à titre de dot, ses effets d'habillement, deux chiens, une pirogue, un traîneau avec ses harnais, et une pièce de *rets* pour la pêche.

Quant aux autres actes de l'état civil, on tient note exacte des naissances ets de décès, dans les havres trop éloignés de la métropole pour y entretenir des relations journalières. Des délégués de l'administration anglaise sont chargés de la régularisation de ces actes. D'après le relevé des registres locaux, on connaît, à St-Jean, l'état de la population de tout le littoral.

Dans les havres de la côte de l'est, la configuration du sol ne pourrait permettre aux habitants de se servir de chevaux ; le pays n'offre que montagnes et ravins, presque inaccessibles, qui forment un ensemble indéfiniment prolongé. Sur les collines et dans les plaines se rencontrent d'excellents pâturages, dont les habitants du littoral tireraient d'abondantes provisions d'hiver, pour les troupeaux considérables de taureaux, vaches, moutons et chèvres, qu'ils pourraient avoir à leur disposition. Mais, avoir soin des bestiaux, faucher le foin, le faire sécher, le botteler, ce sont des travaux ; et tout ce qui sent le travail, répugne invinciblement au caractère de ces êtres misérables, dominés par un penchant irrésistible à la fainéantise la plus absolue. Mais nulle règle sans exception ; *il en est jusqu'à trois que je pourrais citer* : Master James, au havre du Croc, possède des habitations charmantes, y tient auberge et café ; et tout annonce chez lui l'aisance, et même la richesse. Pierre Jais, au havre de la Conche (1), fait aussi exception, ainsi que plusieurs autres, à l'état de torpeur et d'insouciance où végète la majeure partie de ces colons. Ceux-là, du moins, ont des bestiaux de toute espèce, et des volailles ; mais pendant l'hiver ils ne conservent de ces dernières que ce qu'il leur en faut pour la reproduction, quand vient le printemps. Ce serait, en effet, une folie, dans un pays où l'on peut tuer chaque jour, par centaines, et perdrix et canards sauvages, de dépenser inutilement des denrées, pour le seul plaisir d'avoir vivants chez soi des oiseaux de basse-cour ; ils ne conviennent guères que pendant l'été, saison durant laquelle on peut les manger tout en pêchant la morue ; quant à cette pêche, il faut s'y livrer, pour se procurer les choses nécessaires à la vie, quand on n'a guère que cela pour ressource.

Les colons laborieux cultivent des choux, des carottes, des navets, des pommes de terre surtout, dont ils font de grandes provisions. Je doute qu'on

(1) On connaît mieux ce havre, sous la dénomination anglaise de *Sit down*.

pût obtenir des céréales dans cette partie de l'île, où nous faisons pêche; lieux dont la température est trop peu de temps assez douce; mais on m'a informé que ces années dernières, dans les environs de St-Jean, on a récolté du froment d'excellente qualité, et que la terre s'y cultive, en attelant sur la charrue, comme on fait en France, des chevaux et des bœufs, dont les fumiers, mêlés aux varecs, contribuent à échauffer le terrain, et à le rendre très-productif.

La côte de Terre-Neuve, offrant du côté de l'ouest, dans les régions du cap Normand, des surfaces unies d'une étendue considérable, pourrait plus tard fixer l'attention des spéculateurs, qui, sans nul doute, en tireraient des produits d'autant plus avantageux, que le sol ne leur coûterait rien. Pour ces sortes d'entreprises il faudrait de vrais travailleurs, et non de ces pauvres engourdis des havres, qui viennent au premier coup de cloche, mendier à tout instant leurs repas, dans nos habitations, pendant notre séjour parmi eux.

Parmi les beaux spectacles qu'offre la nature à Terre-Neuve, nous devons mentionner de fréquentes aurores boréales, que le vulgaire y désigne sous le nom de marionnettes, à cause de leurs singulières variations.

La surface de la mer offre souvent aussi, dans les havres, des lueurs éblouissantes, qui se voient pendant la nuit, surtout lorsqu'il fait chaud, autour des rames ou avirons, ou dans le sillage des navires. Les naturalistes attribuent ces lueurs à la présence d'innombrables animalcules phosphoriques, et aussi à des substances animales putréfiées et disséminées dans l'eau ; les lieux resserrés, où ces lueurs sont le plus abondantes, ne laisseraient pas que de nuire à la santé, si l'on y séjournait trop longtemps.

Le climat de Terre-Neuve, quoique cette île ne s'étende qu'entre le 46e et le 52e degré de latitude nord, est très-froid et très-humide.

On y voit de petits pommiers, des poiriers, des groseillers, des framboisiers, et une infinité de plantes rampantes et aromatiques. Des montagnes d'une grande élévation bordent majestueusement les havres et les baies, et offrent, aux regards du contemplateur, des sites de la plus grande beauté : vous voyez, dans bien des endroits, ces monts escarpés venir se terminer sous vingt formes différentes, et se perdre en glacis sur une plage unie, que tapisse une magnifique verdure d'herbe fine, de trèfle, de pois sauvages.

Ces hautes montagnes sont surchargées de pins, de sapins, de sapinettes, de bouleaux, d'aunes et de mélèzes. Mais toutes les plantes en général y sont comme dégénérées et plus petites qu'en Europe.

On trouve, au milieu des plus épais fourrés, une espèce de grand cerf, auquel les Européens ont donné le nom de *caribou*.

J'en parlerai d'une manière plus détaillée à l'article concernant les chasses.

Plusieurs oiseaux offrent, sous ce climat, des variétés remarquables. Une espèce de perdrix rouge, fort commune (Lagopède, le Tétra-Lagopus, Linné), diffère de celle d'Europe, en ce qu'elle est plus grande. Le pourtour des yeux est garni d'un bourlet charnu, écarlate ; le bec est roux, et les tarses sont couverts, jusqu'aux ongles, de soies ou poils gris fort épais. Ces perdrix sont d'un rouge tacheté de brun, de blanc et de noir en été. En hiver, elles sont blanches comme la neige; tout me porte à croire que ce changement de couleur arrive sans que ces oiseaux perdent leurs plumes. Les merles sont également d'un rouge brun en été, et plus blancs en hiver. Ce changement s'opère sans doute de la même manière que pour la perdrix. Ces oiseaux, presque domestiques, restent une partie de l'hiver dans des trous privés de lumière, où ils s'étiolent. La nature prévoyante les a doués de cette puissance de métamorphose, pour les soustraire à la voracité des renards et des oiseaux de proie. On rencontre encore, dans les forêts, beaucoup d'oiseaux de diverses grosseurs; mais on ne les y voit pas par troupes comme en France.

Les rivières et les étangs fourmillent de poissons, qui sont, en majeure partie, des saumons, des truites saumonées, et des anguilles.

Certains havres sont remplis de saumons d'une grosseur bien plus considérable qu'en Europe, et l'on en fait des pêches abondantes. Dans ces localités, on tue beaucoup d'oiseaux aquatiques, dont le goût n'est pas délicieux, sauf les oies du Canada, les canards cendrés, et les sarcelles, dont la chair est exquise, surtout en août, quand ils ont mangé des fruits du pays, qui croissent partout, sur les montagnes comme dans les plaines.

Les insulaires de Terre-Neuve sont de la race des Esquimaux du Labrador ; ils commercent actuellement avec les Européens ; jadis ils étaient anthropophages.

Leur accoutrement consiste dans un grand bonnet en forme de casque, un paltot fort large et court, un ample pantalon, et des bottines en peau de veau marin, dont les semelles sont en cuir fort épais et admirablement bien tanné par eux. Par dessus le paltot, une longue bande de peau leur sert de ceinture. Ils se servaient toujours, avant leurs rapports avec les Européens, d'arcs et de flèches ; le dard de ces dernières était fabriqué avec des fragments d'os; mais à présent, ils n'emploient cette arme à la chasse que dans des cas exceptionnels.

Quand ils partent pour la chasse, ils emportent avec eux arcs, flèches et fusils ; et en outre une pirogue de peau de veau marin, ou d'écorces de bouleau ; ils s'en servent pour traverser les étangs et les lacs. Comme les individus de cette race ne vivent que de leur chasse et de leur pêche, pour les rendre fructueuses, ils usent de grandes précautions. Ainsi, pour ne pas effrayer les gros animaux, tels que loups, caribous, ours, renards, etc., s'ils rencontrent en plaine des perdrix ou autres oiseaux, au moyen de leurs flèches, ils s'en emparent sans bruit, et réservent pour les grands coups l'explosion de la poudre.

Ces hommes sont assez bien faits ; ils ont le corps musculeux, les cheveux bruns ou noirs, plats et longs, la barbe peu fournie ; leurs yeux sont petits, enfoncés, d'un regard sinistre, ombragés par des sourcils noirs, froncés et courts ; la nez est droit, épaté ; la bouche grande, les oreilles longues, et pointues au sommet ; les lèvres un peu grosses ; les dents jaunâtres, assez communément mal rangées, et le teint cuivré. Ils se servent, en guise de cordonnet et de fil, des nerfs et des tendons des animaux qu'ils tuent. Ces Indiens, ainsi que les colons, font, pendant l'été, leurs provisions d'hiver, ne pouvant, dans cette dernière saison, sortir aisément de leurs cabanes. Ils sont très-aptes à supporter les froidures, si l'on en juge d'après leur organisation ; leur peau est plus épaisse que la nôtre ; la boîte osseuse du crâne l'est également. Joignez à cela les lotions d'huile sur toute l'habitude du corps, et leurs vêtements bien fourrés, et vous comprendrez sans peine qu'ils peuvent endurer l'inclémence de la saison rigoureuse.

Avant que Terre-Neuve fût colonie anglaise, les immenses forêts de cette île, qui est d'une longueur de cent-cinquante lieues, sur une largeur de cinquante environ, étaient remplies de ces êtres féroces et voleurs. Au havre de la Scie, après la paix de 1784, une bande descendit des montagnes, et, après avoir percé de leurs flèches, et assommé avec leurs casse-tête tous les hommes de l'habitation, ils les décapitèrent, et emportèrent tout ce qu'ils purent voler avant le retour des bateaux partis pour la pêche. Un mousse seul fut sauvé de cet horrible massacre, s'étant affalé dans un des créneaux du chaufaud, quand il vit commencer le carnage.

On poursuivit à mort, dès ce moment, sur tous les points de l'île, ces êtres d'un naturel intraitable.

Se voyant ainsi traqués et exterminés, quand on leur mettait la main sur le corps, ils passèrent de Terre-Neuve, par le golfe St-Laurent, aux côtes du Labrador, au moyen de leurs pirogues dans la saison d'été, et sur les glaces pendant l'hiver.

Beaucoup d'entre eux se rendirent, et l'on s'en servit fort avantageusement, quand on les eut un peu civilisés, ponr découvrir et détruire les peuplades de l'intérieur (1).

Ceux qui habitent encore les côtes de Terre-

(1) On leur donnait, à Terre-Neuve, le nom de sauvages rouges, à cause du tatouage de cette couleur, dont ils se couvraient la figure et les membres.

Neuve, ne sont pas à craindre aujourd'hui : presque tous sont convertis à la religion catholique romaine; ils connaissent un peu l'anglais et le français; ont entre eux un pacte social, dont ils ne s'écartent pas, et un chef ou roi, dont ils respectent le pouvoir. C'était, il y quelques années, l'illustre Michel Aga, résidant à la baie St-Georges, qui tenait les rênes du gouvernement. Sa majesté était très-obligeante ; et l'un de mes amis, qui faisait la pêche près du palais de ce puissant monarque, l'invitait souvent à lui donner un coup de main pour faire sécher la morue, l'arrimer à bord du navire, etc.

A la suite de ces petits travaux, sa majesté et le capitaine dînaient bien. Après le café et le gloria soutenu, le roi recevait, comme gage de reconnaissance, et de la manière la plus empressée, quelques litres de *trois-six* pour se régaler avec toute sa cour.

Les sauvages modernes tutoient à Terre-Neuve presque tous ceux avec lesquels ils sont en rapport; ils ont appris, des prêtres de notre religion, que nous sommes tous frères en Jésus-Christ : aussi l'expression de frère leur est-elle tout à fait familière.

En 1827, j'en rencontrai deux, dont un parlait passablement l'anglais et le français ; l'autre ne connaissait que sa langue maternelle. Ils étaient, me dit le premier, expédiés par le gouvernement anglais pour explorer l'intérieur de l'île, où devaient séjourner encore des familles de sauvages rouges, et il me raconta qu'il en avait tué un, le seul qu'il eût vu dans sa tournée. Voici textuellement sa narration :

« Comme nous commencions à manquer de gibier, je vis de loin une vaste plaine, au milieu de laquelle se trouvait un étang, entouré par une infinité de bosquets. «

« Ces sites me parurent convenables au caribou, et nous ne tardâmes pas à nous y rendre. J'aperçus bientôt un troupeau de ces animaux. Mon camarade se tint embusqué, et je passai sous le vent à eux, pour qu'ils n'eussent pas connaissance de moi. J'en considérai un très-fort, et me trouvais bientôt à portée, quand tout à coup je le vis tomber et se débattre : c'était un sauvage rouge qui venait de le percer d'une flèche ; je fis encore plusieurs pas, et tuai le sauvage sur le corps du caribou. »

« Nous prîmes, à même l'animal, tout ce que nous pûmes emporter, et nous ne vîmes pas d'autres sauvages, pendant le cours de notre voyage ; mais nous découvrîmes des endroits, où, depuis peu de temps, ils avaient campé et fait leurs festins. Au milieu de ces lieux déserts, nous étions constamment sur nos gardes, bien qu'avec un fusil on en puisse tenir une vingtaine en respect, et nous avions deux fusils en parfait état. »

Je serais allé chasser avec ces *sauvages demi-civi-*

lisés, si les occupations de mon état ne m'eussent retenu à l'habitation. Ils partirent seuls, et rapportèrent deux caribous, et une multitude de perdrix.

Les fusils dont ils étaient armés, étaient à pierre, à un coup, d'un très petit calibre, sans sous-garde, et d'une longueur d'un mètre 60 centimètres environ ; un morceau de peau de veau marin était cloué à la contre-plaque de batterie, et destiné à recouvrir cette dernière pièce, pour la préserver de l'humidité.

A présent, ils se servent, comme nous, de fusils à piston ou à pierre ; et chacun des membres de la famille a le sien, quand il est de taille à le porter : père, mère, garçons et filles rivalisent de zèle pour rapporter à la case de quoi se nourrir.

Accoutumés dès leurs plus tendres années à ces genres d'exercices, rien ne leur est inconnu en fait de chasse ni de pêche, puisque c'est là leur seul moyen d'existence.

S'ils apprennent qu'il y ait dans certains parages beaucoup plus de gibier que dans d'autres, ils partent immédiatement pour s'y rendre avec toute leur famille ; et leur habitation est bientôt faite dans la saison du printemps et de l'été.

Ils coupent trois petits sapins bien filés et d'une bonne hauteur, les émondent, de manière à laisser un peu longues les maîtresses branches, qui leur servent comme de crocs, pour y suspendre tout ce qu'ils veulent. Ils placent, comme en faisceau d'armes, ces trois arbres, et les entourent de peaux de loups marins, cousues avec des nerfs d'animaux, ou bien d'écorces de bouleau, ajustées de la même manière ; ils laissent, sous le vent de l'édifice, un trou pour entrer : c'est dans cette enceinte circulaire, que se fait la cuisine, et que l'on dort, sur la mousse, autour d'un feu dont la fumée sort par le haut du toit.

S'il y a de tout petits enfants, ou les met dans des sacs de peau, ou d'écorces d'arbres, remplis de mousse, et, à l'aide de lanières, on les suspend aux crocs de la charpente ; et ces pauvres petits ne disent pas un mot, entortillés qu'ils sont, soit dans de mauvaises étoffes, soit dans des peaux de lièvre, ou de chat sauvage.

On se figure peut-être que ces Indiens sont les derniers des misérables, et que rien ne peut égaler les privations qu'ils doivent endurer : eh bien ! c'est tout le contraire : ils n'échangeraient pas cette vie errante et aventureuse, contre toute l'opulence des plus riches monarques ; et, logés dans un palais, ils y mourraient d'ennui, si on ne leur rendait promptement la liberté, qu'ils considèrent comme le plus précieux des biens de ce monde.

Ces hommes sont naturellement ingénieux, et confectionnent fort bien à présent, avec des étoffes ou des pelleteries apprêtées par eux, des objets relatifs à la toilette. Ils fabriquent aussi des instruments de musique, flûtes, violons, flageolets, etc. Leurs cordes et leurs archets sont faits de nerfs, de boyaux et de tendons d'animaux, et ils tirent une excellente colophane de la résine des sapins.

Nul, plus que le sauvage de ces contrés, ne tient à sa parole. Cette année encore (1847), je me suis trouvé à même de m'en convaincre. Ayant fait des échanges avec plusieurs sauvages, je les conduisis à ma cabane, pour leur faire prendre de la liqueur et de l'eau-de-vie ; deux d'entre eux acceptèrent mon offre avec la plus vive satisfaction ; mais le troisième m'ayant refusé, j'insistai pour qu'il acceptât ; il me fit voir à l'instant une médaille, qu'une petite ficelle tenait suspendue sur la partie gauche de sa poitrine.

Cette médaille en cuivre doré était empreinte du sacré cœur de Jésus et de Marie ; et il me dit qu'il y avait environ cinq ans, à la suite d'une orgie, il s'était emporté contre son père et sa mère, et qu'il avait fait vœu, en expiation de sa faute, de ne boire aucune liqueur forte, pendant dix ans ; qu'il l'avait promis à Dieu sur sa médaille bénite, et qu'il aimerait mieux mourir que de fausser son serment. Je lui fis beaucoup d'éloges sur la sincérité de sa croyance, et lui donnai différents objets, pour lui témoigner l'excellente opinion que j'avais de lui.

Je me rendis ensuite avec eux à bord d'une jolie

goëlette, dont ils étaient les constructeurs et les propriétaires, et j'y bus un petit verre d'une bonne liqueur de leur façon, composée avec le sapin spruce (*abies canadensis*) ; ils m'en remirent un petit flacon, dont je les remerciai par une bonne bouteille d'Armagnac.

Ces Indiens cuivrés, esquimaux pur sang, bien pénétrés aujourd'hui des principes religieux, sont devenus fort honnêtes, humains et hospitaliers ; mais il existe chez eux une tendance insurmontable à se venger de ceux qui leur ont injustement manqué, et qui n'ont pas réparé leurs torts.

Un des hommes d'un navire voisin de notre habitation a été récemment témoin d'une scène, qui prouve de la manière la plus convaincante la véracité de ce fait.

De mauvais traitements avaient été exercés sur les sauvages de la baie du Pistolet, par des matelots d'une habitation bretonne. Le capitaine avait promis à ces malheureux une indemnité, qui certainement leur était bien due ; mais il avait violé sa promesse, et eux n'entendent pas cela.

La femme d'un de ces sauvages apercevant une embarcation, à peu de distance de sa cabane, saute sur un gros fusil, et s'échappe à toute hâte. Son mari la suit précipitamment, ne sachant ce que cela veut dire ; et, voyant l'intention de sa femme de faire feu sur des hommes qui n'étaient nullement coupables, il veut l'arrêter, une lutte s'engage ; la femme était comme enragée, et finit pourtant par comprendre que les hommes qu'elle veut coucher en joue, ne sont pas de l'équipage de celui qui demeurera toujours l'objet de leur malédiction. Ici qu'on permette à ma conscience d'honnête homme quelques courtes réflexions, et puissent-elles aller à leur adresse !

Pourquoi ne pas avoir tenu parole ? Pourquoi se moquer de ces malheureux ? Vous exposez vos hommes : ils répondront de vos mauvaises actions, par leur vie peut-être ; ce n'est pas ainsi que l'on se comporte envers des êtres devenus nos frères par la civilisation religieuse. Vous devez pourtant bien savoir, Monsieur, que des gens de leur race firent, un certain jour, rôtir votre grand-père et plusieurs officiers bretons, et qu'ils les mangèrent en pompe solennelle au fond de la baie de Haha, que nous connaissons bien tous. Eh bien ! quoique maintenant ils repoussent avec horreur les affreux festins de chair humaine, dont jadis ils faisaient leurs délices, cela ne les empêcherait pas, dans leur juste indignation contre vous et votre équipage, de vous faire rouler sous les balles de leurs fusils : croyez-moi, réconciliez-vous promptement avec ces indigènes, et payez-leur vos dettes, s'il est encore temps ; c'est le plus sage conseil que je puisse vous donner.

La baie des Griguets doit son nom à une série d'îlots, les Griguets, qui forment ensemble un archipel, séparé de la grande île de Terre-Neuve par des passages fort étroits ; on y distingue l'île et la montagne du Chameau ; celle de l'Amirauté, et celle des Quatre-Oreilles, qui se trouve au S.-O., séparée du cap Blanc par un bras de mer très-resserré. Tous ces îlots sont fort rapprochés, tellement qu'on peut, sans crier bien haut, faire la conversation d'un bord à l'autre. L'île de l'Amirauté, que j'habitais, n'a que mille mètres de longueur, et une largeur variée, qui n'excède pas quatre cents mètres; elle est entourée de rochers escarpés ; et, sur son sommet, on ne rencontre que quelques petites broussailles de sapins et d'aunes, le génévrier, le petit pommier, et quelques plantes rampantes : telles que le vouet noir (1), le *luzet*, le thé sauvage, diverses mousses et des graminées. J'ai surnommé cette île : *Le rocher de Ste-Hélène* : car elle n'offre sur tous les points que l'aspect du deuil et de la tristesse.

Au N. N.-E. la montagne du Chameau domine majestueusement une étendue de côteaux et de plaines, couvertes de verdure et d'arbres résineux : elle permet à l'œil d'embrasser un tableau enchanteur ; du sommet de cette montage, on jouit d'un des points de vue les plus magnifiques que la nature

(1) C'est sur les faibles rameaux de ce végétal que pousse le petit fruit que l'on nomme, à Terre-Neuve, graine de *courlieu*.

puisse offrir ; on y découvre, à l'œil nu, l'entrée du golfe St-Laurent, dans lequel semblent se perdre la grande et la petite île du Sacre, Belle-Ile, Grand'-Baie, contrastant admirablement avec les terres du Labrador, et paraissant ne former qu'un tout avec ces dernières. Joignez à cela une multitude de caps d'une hauteur prodigieuse, et de baies immenses, environnées de plaines verdoyantes, et de bosquets charmants, et vous aurez sous les yeux un des plus beaux spectacles du monde.

Au S. S.-O. de l'Amirauté, vous voyez l'île des Quatre-Oreilles, dont l'aspect n'a rien de bien imposant ; elle est, comme celle du Chameau, pourvue d'un assez grand nombre d'arbustes, mais dont le développement n'est pas aussi considérable.

Un seul point sur cette île peut fixer l'attention : c'est le sommet du cap Corbeau, d'où l'on découvre aussi fort loin ; et qui sert de baromètre pour présager le beau et le mauvais temps.

Au S.-O. de l'Amirauté, s'élèvent les hautes terres du cap Blanc, près duquel s'ouvre un passage de ce nom : c'est dans ce havre que sombra le navire *Le Mars*, de Granville.

En face de l'endroit de l'île des Quatre-Oreilles, que l'on nomme : *la Pointe à l'Auguste,* se trouve un très-petit passage appelé *Goulot* : dénomination parfaitement juste ; car il n'offre qu'à grand'peine le passage d'un bateau, entre deux gros quartiers de rocher ; encore faut-il que la mer soit bien haute pour que l'embarcation ne touche pas. Une fois que l'on a franchi cet espace, si étroit, on entre dans la baie du S.-O., où j'ai fait des pêches et des chasses magnifiques.

Les marées se font grandement sentir sur les côtes de Terre-Neuve, et quelquefois avec des circonstances extraordinaires de violence et d'irrégularité. On en jugera par le phénomène effrayant, dont furent témoins l'équipage des *Deux Sophie* et celui de notre navire, un an après le voyage qui fait l'objet principal de ce travail.

Le 24 septembre 1848, le navire les *Deux Sophie* sortit, sous toutes voiles, du havre des Griguets, pour se rendre à Marseille. Le navire que nous montions alors, était sur le point d'appareiller, pour Granville, quand tout-à-coup un affreux bouleversement s'opéra sur les flots. La mer était haute, et, dans cinq minutes, elle baissa tellement, que nous pûmes voir les cailloux d'un fond que recouvrent dans la plus basse mer, deux à trois brasses d'eau. On aurait juré, d'après la brusque retraite des courants, que bientôt l'assèchement complet de la vaste baie du cap Blanc allait avoir lieu. Mais ces rapides torrents, revenant soudain sur eux-mêmes, amenèrent instantanément une crue d'eau de quatre à cinq mètres au-dessus du niveau que la mer atteint à peine dans son flux des plus grandes marées.

Les chaufauds et les lavoirs furent submergés, et les nôtres notamment auraient été enlevés, sans l'énorme pesanteur des pierres entassées sur la poissonnerie, pour en empêcher, pendant l'hiver, la démolition par le choc des glaces. Ce phénomène se reproduisit trois fois dans 15 minutes. Le vent soufflait avec force dans la partie du S.-O. On amarra solidement notre navire, après avoir calé les mâts de hune et de perroquet. La nuit fut, du reste, parfaitement calme, et le lendemain à 9 heures du matin, nous longions, sous toutes voiles, la montagne de Chameau ; enfin, le soir, les points les plus élevés de ces contrées occidentales se voyaient à peine à l'horizon, et bientôt nous n'en eûmes plus que le souvenir.

Le climat de Terre-Neuve est extrêmement froid en hiver, et humide au printemps, par l'effet du dégel et des brouillards, presque continuels, qui règnent, dans les premiers temps de la belle saison, sur les côtes et principalement du côté du grand banc.

Celui qui fait le voyage de Terre-Neuve, doit avoir soin de se munir de deux espèces d'habillements : l'un pour les froidures, et l'autre pour la chaleur. Les changements brusques de température donnent souvent naissance au scorbut. Les plantes potagères, cuites avec des têtes de morues fraîches, font un excellent bouillon, dont l'usage, chez les scorbutiques, est suivi d'une parfaite guérison. Au mois de juillet, les vents règnent souvent au N. N.-E. ; le beau temps et la chaleur succèdent alors aux froids, et l'un de mes amis ayant un thermomètre, m'a certifié que, vers la fin de ce mois, la chaleur était montée au 27e et au 28e degré au-dessus de zéro. Lorsque le soleil est sous le tropique, les nuits disparaissent, au point que le crépuscule donne, pour ainsi dire, la main à l'aurore ; je suis plusieurs fois revenu de mes excursions de chasse à onze heures et minuit, dans l'intime conviction qu'il n'était pas plus de sept à huit heures du soir. Mais il est écrit que le paradis ne peut être nulle part sur terre, même momentanément.

Malgré la rigueur et la longue durée des frimas, et la grande quantité de neige, les forêts de Terre-Neuve, d'ailleurs fort nombreuses, sont remplies d'insectes, et surtout de moustiques. C'est ainsi qu'on nomme à Terre-Neuve, comme bien autre part, un petit insecte ailé, à corps fluet, monté sur de longues pattes, et portant, à la partie antérieure de la tête, un dard pointu, cannelé, qui remplit les fonctions de pompe aspirante ; c'est à l'aide de cet aiguillon qu'il se procure son alimentation. Cet insecte, extraordinairement avide de sang, a beaucoup de ressemblance avec celui que nous connaissons en France sous le nom de *cousin* ; mais la piqûre du premier est beaucoup plus nuisible ; et le coup n'est pas sitôt porté, que le sang ruisselle quelquefois de la peau.

Si l'on se trouve dans les bois, en temps calme et orageux, parmi les sapins qui servent de refuge à ces insectes malfaisants, il n'est guère facile de résister aux cruelles tortures qu'ils vous font subir. Les piqûres à la face déterminent, chez certains sujets, une inflammation très-considérable et rendent instantanément aveugles, et méconnaissables pour quelques jours, ceux qui en sont atteints, et qui ne recouvrent la vue, qu'à mesure que diminue la tuméfaction des paupières.

En vain vous invoquez les secours du docteur,
Le baume *opodel dock*, celui du commandeur :
C'est temps perdu ; l'effet à l'instant se déclare,
Et surcharge vos traits d'un gonflement bizarre.

Rien, en effet, ne présente un aspect plus drôle, ni plus laid, qu'un individu dont la figure est délabrée par les moustiques : ses traits sont tellement altérés, que souvent il n'est reconnaissable que par ses vêtements.

Ces taches de sang étendues ça et là, cette couleur de la peau d'un rouge transparent, ces phlyctènes multipliées, d'où sortent des sérosités abondantes, donnent à la face l'aspect le plus dégoûtant.

Ne visitez jamais, par un temps orageux,
Des épaisses forêts les sentiers ténébreux :

Au milieu des sapins, l'implacable moustique
D'un dard envenimé profondément vous pique ;
Et c'est, sans contredit, dans ces climats lointains,
Le plus cruel tourment qu'endurent les humains.
De ses traits douloureux sauvez-vous votre face ?
Ailleurs, pour vous atteindre il est toujours en place ;
Et malgré vos tissus de laine, ou de coton,
Vous perfore la peau d'un seul coup d'aiguillon.
En vain vous essayez d'abriter votre tête
Des assauts importuns de la maligne bête,
L'essaim grossit, fredonne, et, malgré vos ébats,
Exerce sur vos yeux les plus hideux dégâts.
Un gonflement subit frappe chaque paupière...
Pendant deux ou trois jours vous perdez la lumière !
Dans ce moment fatal, vous êtes bien heureux,
Quand un de vos amis, épargné par les yeux,
Peut vous conduire aveugle, après votre défaite,
Vers le simple appentis qui vous sert de retraite.
Dans un lit, en rapport avec ce logement,
Privé du doux sommeil, vous jurez fermement
De ne plus retourner au bois, en promenade,
Qu'en brise de nord-est, pour n'être plus malade.

Si, vous trouvant à Terre-Neuve, pendant la courte durée de l'été, vous avez le goût de la chasse, de la pêche et de la contemplation des sites, profitez, pour vos excursions, d'un temps froid, ou d'une forte brise de N.-E. Ayez la sage précaution, si le calme et la chaleur succèdent à la brise et à la fraîcheur, de regagner au plus vite votre habitation, afin d'éviter les dangers dont je viens de vous parler. Cette recommandation est de la plus haute importance pour les voyageurs à la côte de Terre-Neuve, et je ne saurais trop les engager à la bien observer.

Le grand vent et le froid au fond des arbrisseaux
Tiennent comme enchaînés ces maudits animaux,
Qui, ranimés soudain par le calme et l'orage,
Ne veulent que du sang pour unique breuvage.

Vers la fin d'août, les gelées nocturnes, les froids du jour tuent ou chassent les moustiques ; et l'on éprouve la douce satisfaction de pouvoir circuler, sans s'exposer à leur insupportable persécution.

Le supplice le plus douloureux et le plus cruel que l'on pût infliger à un criminel, ce serait de l'attacher tout nu à un tronc d'arbre, les mains et les pieds liés, de manière à ce qu'il ne pût s'en défendre ; une heure d'exposition aux blessures de ces insectes suffirait pour le faire mourir.

La piqûre détermine l'enflure des parties, et un peu de fièvre ; toutefois cette fièvre n'est qu'éphémère ; des topiques froids et le repos suffisent pour guérir tous ces fâcheux effets. Mais mieux vaut prévenir le mal que d'avoir à y remédier ; on nous saura donc quelque gré d'indiquer ici le moyen de se préserver des moustiques.

Prenez : huile d'olive 128 grammes ; faites bouillir dedans, pendant cinq minutes, une pincée de feuilles d'absinthe ; passez, en exprimant, et dissolvez dans cette huile : camphre, huit grammes.

Frottez-vous de temps en temps de ce mélange la figure et les mains. Du moment où j'eus mis ce procédé en pratique, les moustiques m'eurent en horreur et ne m'approchèrent que pour mieux fuir. Je jouis maintenant de l'indicible plaisir de vaquer à mes affaires, sans être en butte à leurs douloureuses tracasseries.

Je n'ai jamais vu, aux côtes de Terre-Neuve, ni grenouilles, ni crapauds, ni lézards, ni vipères, ni couleuvres, ni serpents ; je ne crois pas qu'ils pussent vivre sous une température aussi froide. Je ne pense pas, non plus, que le moustique puisse supporter, mieux que ces reptiles, les rigueurs d'un hiver de neuf mois de durée ; mais le mode de reproduction de cet insecte lui fournit la faculté de perpétuer sa malfaisante engeance, en déposant sa larve, sous les écorces des sapins et dans les pommes de pin, où l'air extérieur ne peut pénétrer, à cause de la hauteur des neiges qui les recouvrent. A la fonte de ces neiges, la chaleur printanière fait éclore les œufs des moustiques, qui atteignent très-vite leur degré d'accroissement et de malignité.

C'est surtout dans le sapin spruce, sapinette du Canada, que l'on en rencontre le plus.

Les jeunes bourgeons de ce végétal, mis dans

une décoction d'avoine ou de biscuit broyé, édulcorée avec de la mélasse, font une bière rafraîchissante et enivrante.

Cette bière et le thé sont les principales boissons des colons de Terre-Neuve, qui sont libres, en outre, de se procurer des douceurs en raison de leurs moyens, en buvant, bel et bon, le vin, le cidre, le cognac et le rhum.

CHAPITRE VII.

Ne jamais s'embarquer sans biscuit. — Partie de chasse devenue une position embarrassante. — Fausse alerte. — La situation tourne au tragique. — Dénouement quasi-comique. — Avis aux voyageurs à Terre-Neuve. — Rare exemple de tendresse ÉCONOMICO-PATERNELLE. — Conseils aux chasseurs. — De la chasse en général. — Abondance et conservation du gibier. — De l'ours noir : manière de le chasser. — Du caribou ; divers moyens de le chasser. — Du loup-cervier et de ses ruses. — Comment on le tue. — Du castor et de ses merveilleux travaux. — De sa chasse. — De la loutre et de sa chasse. — Du choix des chiens de chasse. — Des chiens de Terre-Neuve. — De leurs qualités et de leurs défauts.

Non : il ne faut jamais s'embarquer sans biscuit. Par un temps calme et serein, nous quittâmes, au nombre de quatre, le havre du cap Rouge, pour aller à Belle-Ile, près Groix, faire une grande et belle partie de chasse.

Belle-Ile se trouve à une distance d'environ 18 milles marins, de la Grand'Terre : après quelques heures de navigation, nous débarquâmes dans la partie S.-E. de ce pays sauvage et désert.

Le maître de bateau nous avait fait entendre que nous n'avions plus que trois milles pour nous rendre par terre, de cet endroit, à un autre, nommé *Les Ilots* : nous nous dirigeâmes gaillardement vers ce lieu, où il devait nous reprendre, pour, de là, nous porter dans le havre du S.-O. Afin d'être plus leste à courir, j'ôtai ma veste et mon gilet, j'endossai ma carnassière, et m'armai de mon fusil double et d'une petite hache. Je mis en bandoulière une bouteille ficelée, pleine d'eau-de-vie, et le départ s'effectua au pas de course.

A peine eûmes-nous gravi la première montagne, qu'une compagnie de dix-huit ou vingt perdrix s'abattit sous nos yeux : elle fut à l'instant détruite ; plusieurs autres subirent le même sort, et dans peu d'instants nous en fûmes chargés. Enfin, après que nous eûmes marché pendant cinq ou six heures, sans nous écarter de notre route, notre conducteur nous annonça les Ilots : grande fut notre surprise, de ne pas y voir au mouillage notre bateau si désiré: le maître avait été obligé de lever le grappin et de faire route pour le S.-O., contraint par une très-forte brise du N.-E., qui l'aurait infailliblement jeté à la côte. Plus tard nous comprîmes bien l'impossibilité où il s'était trouvé de tenir, ce jour-là, la route voulue ; mais nous n'en étions pas moins désolés. Il commençait à faire nuit et froid ; nous avions faim, besoin de repos et de chaleur.

J'avais eu l'heureuse et sage précaution de mettre, dans le fond d'une grande corne d'amorces, un briquet, de l'amadou et des allumettes ; ces objets, dans notre position critique, étaient pour nous de la plus haute importance.

Nous nous étendîmes tous les quatre sur un lit de

mousse, de lichen et de plantes rampantes, à l'abri d'une colline, près d'un vaste rocher, au sein duquel des ours avaient passé l'hiver, et où ils se mettaient encore à l'abri : car tout annonçait que cette caverne était souvent visitée par ces animaux ; toutefois nous ne les y rencontrâmes pas.

Il y avait environ quarante ou cinquante bottes de fourrage dans cette grotte ; ce qui me fit présumer que, pendant l'hiver, comme le disent les colons et les sauvages de Terre-Neuve, l'ours ne vit pas exclusivement de sa graisse, mais de quelques provisions qu'il a faites pour subsister pendant la durée des neiges ; ce qui embrasse un espace de 9 mois.

Il était d'ailleurs fort aisé de s'apercevoir que la litière avait été bien broutée, et par eux; de plus, leurs pas étaient parfaitement empreints dans les sentiers bourbeux, et sur la vase au bord des étangs, où ils allaient boire. Voilà une question à décider par les naturalistes.

J'intriguai beaucoup mes compagnons d'infortune, quand je leur dis d'allumer du feu. Nous n'avons que nos fusils, dirent-ils, d'une voix inquiète et d'un ton mécontent. Eh bien ! leur dis-je, ôtez le plomb ; chargez avec des balles et des lingots, changez vos capsules ; il faut nous mettre, en cas de visite nocturne, à même de nous défendre ; pour le feu, je m'en charge. Dans cinq minutes, je fis briller à leurs yeux un brasier à rôtir un bœuf; chacun se mit en devoir de plumer le gibier, notre seule ressource ; nous fîmes rôtir à la ficelle, et sur des cailloux que nous avions fait rougir, douze perdrix et un canard ; nous les mangeâmes d'un grand appétit, et bûmes dans un vase en cuir, qui ne quittait jamais ma carnassière, le peu d'eau-de-vie qui me restait, en la mêlant avec de l'eau.

On convint de faire le quart, et le sort décida que je me coucherais avec un de mes camarades, tandis que les deux autres se tiendraient au guet, dans la crainte d'une surprise de la part des bêtes sauvages. Il faisait froid ; j'étais tout à fait habillé à la légère : il fallait, par quelque moyen, suppléer à ce défaut de vêtements. J'abattis, avec la hache, des branches plates et touffues de sapin et de spruce ; je m'en fis une couverture, et m'endormis devant le feu, comme je l'aurais fait en France sur un bon lit de plume.

Mon repos ne tarda pas à être troublé par un de mes compagnons, qui, d'une voix terrible, se mit à crier : aux armes ! à l'ours ! à l'ours, Duchesne est dévoré ! Jamais de ma vie je ne fus moins paresseux à me lever; je saute dans les broussailles, le fusil à la main, en criant à tue-tête : où est-il ? où l'avez-vous vu ?

Une voix me répond de loin : Attention ! surtout ne me prenez pas pour l'ours. Je reconnus Duchesne, et fis à mon camarade de vifs reproches, de nous avoir donné une pareille alerte ; mais le pauvre diable ne les méritait pas ; il était pâle de frayeur ; et ses sens furent tellement glacés d'effroi, que le lendemain il ne savait marcher, tant ses membres étaient paralysés !

Ce Duchesne s'était esquivé pour aller boire un coup d'eau claire à un petit ruisseau, qui tombait par cascades du haut de la montagne ; et, en même temps, pour rapporter du gros bois, afin d'alimenter largement notre feu de bivouac. Un faux pas l'avait fait tomber, et, dans sa chute, il avait rompu avec bruit un arbre à moitié pourri dont il s'était chargé : *indè mali labes*. Telle était, en effet, la cause unique de tant d'effroi. Après la tempête, le calme : le prétendu dévoré se présenta, hache en main, un gros tronc d'arbre sur l'épaule, et riant aux éclats de cette venette nocturne.

« Je n'ai pas eu, nous dit-il, mes amis, le bonheur de faire une aussi bonne rencontre : cela nous eût rendu grand service, si nous avons plusieurs jours à passer ici ; au moins, nous aurions de quoi vivre, et je me chargerais volontiers de la mission de vous régaler de la chair de l'ours noir le plus terrible de Terre-Neuve, si, pendant l'attaque, ma hache ne se démanchait pas. Au surplus vous seriez là pour me prêter main-forte. Nous sommes tous bien armés, et ne devons pas avoir plus peur d'un ours que d'un rat musqué. » Ces propos, tout rassurants qu'ils étaient, ne purent calmer nullement les effets de la peur chez notre malheureux compagnon, je crois, au contraire, qu'ils ne firent que les augmenter. Mais un seul, sur les quatre, était capable de reculer, et faute d'un combattant, la bataille n'en eût pas moins été gagnée.

Après avoir passé la nuit (1), dont un feu ardent avait modéré les rigueurs, nous vîmes, avec le plus grand plaisir,

L'aurore, au visage riant,
De rubis et de fleurs parsemer l'orient,

et nous apporter le consolant présage d'une belle journée. Quand nous pûmes voir à tirer, nous changeâmes les charges de nos fusils, saluâmes notre bivouac, et nous acheminâmes, comme de vrais pèlerins, vers le havre du S.-O., où tous nos maux devaient être oubliés, à l'aspect de notre embarcation, de notre pain et de nos liquides, dont la privation nous contrariait fort.

Dès le matin, nous fîmes éclater le salpêtre, par fois sur des oies du Canada, et toujours sur des perdrix. L'appétit de chacun s'étant bien déclaré, nous prîmes séance sur le revers d'une haute mon-

(1) A Terre-Neuve, les nuits sont toujours excessivement froides, même pendant les plus grandes chaleurs de l'été.

tagne, et, pour aller plus vite en besogne, au lieu de les plumer, nous écorchâmes douze pièces de gibier, ce qui fut fait dans un clin d'œil, pendant que celui-ci les préparait et que celui-là allumait le feu. Elles furent bientôt cuites et mangées; quelques tasses d'eau terminèrent ce repas un peu à la sauvage, et nous nous remîmes en marche, en cherchant notre vie, que nous procurait un coup d'œil exercé. Enfin à une heure après midi, notre conducteur, homme expérimenté, se faisait à une distance de trois milles (4 kilomètres), du lieu où nous devions retrouver toute sécurité.

Le besoin de manger nécessita une nouvelle halte : nouveau festin, dont l'appétissant tétralagopède, à la même sauce et toujours servi sur le fin caillou, en guise d'assiettes, fit tous les frais. Cependant notre pauvre confrère, exténué du présent, épouvanté de l'avenir, n'en pouvait plus de fatigue et de faiblesse. Accoutumé à l'usage des liqueurs alcooliques, il s'en trouvait tout-à-coup complètement sevré; sa position devenait réellement inquiétante, par le malaise qu'il accusait. Il se traînait avec peine, n'avait plus la force de tirer un coup de fusil, et nous retardait considérablement. Souvent s'étendant de tout son long, il nous suppliait de nous éloigner et de le laisser mourir. La scène tournait au tragique, quand nous aperçûmes, dans le lointain, un homme qui nous fit des signaux. Nous y répondîmes avec des cris de joie, c'était notre maître de bateau, que nous attendions comme un nouveau Messie. Il venait au-devant de nous ; et déjà toutes nos privations n'étaient plus qu'un songe qu'il fallait oublier. Notre nautonier semblait porteur d'une bouteille, qui devait ranimer nos forces abattues, et ce doux espoir rendit un tant soit peu d'énergie à notre camarade, qui ne songea plus dès-lors qu'à bien se restaurer. Mais quel coup de foudre, quand, approchant du misérable matelot, nous le vîmes décrire des zigzags, trahissant son état d'ivresse ! Au lieu d'une bouteille pleine, il n'en tenait plus que l'anse, témoin muet du malheur qui venait de lui arriver. Mes amis, s'écria-t-il en balbutiant, je viens de manquer de perdre la vie, mais je n'ai perdu fort heureusement que ce qu'il y avait dans une bouteille, dont je vous rapporte l'anse, pour prouver que je viens à votre secours.

Exténués de fatigue que nous étions, cette grossière balourdise d'un homme qui s'était enivré à nos dépens, nous mit dans une colère indicible, que la raison eut peine à nous faire surmonter. Bientôt nous fûmes à bord du bateau, où nous prîmes un excellent repas, et nous donnâmes immédiatement l'ordre d'appareiller, et de faire route pour notre habitation.

Nous dîmes de bon cœur adieu à Belle-Ile ; et,

comme le corbeau de Lafontaine, nous jurâmes, mais un peu tard, qu'on ne nous y prendrait plus.

Du reste, à quelque chose malheur est bon : cet accident me confirma ce qu'une vieille expérience m'avait déjà démontré, c'est qu'on ne saurait trop se précautionner contre les brusques révolutions atmosphériques de Terre-Neuve.

Il n'existe pas de pays où la température varie plus que dans cette île, et ces alternatives de chaleur et de froidure se renouvellent souvent plusieurs fois dans la même journée. Il faut donc, pour la conservation de sa santé, se tenir en garde contre des changements aussi soudains, qui pourraient la compromettre, et avoir en sa possession des vêtements chauds et d'autres plus légers, comme aussi d'imperméables, pour en changer au besoin. Cette précaution est du plus pressant intérêt pour tous ceux qui visitent ces climats, comme curieux, ou comme engagés dans une opération. Le matelot au service d'un armateur, parce qu'il verra le matin l'apparence d'une belle journée, ne se munira pas avant son départ d'effets de rechange : un contretemps arrive, notre homme est mouillé jusqu'à la peau, il a froid et tombe malade. Son alitement occasionne souvent à son armateur une perte considérable, à laquelle une veste cirée et un pantalon de même nature auraient immanquablement obvié. Il doit aussi, une fois embarqué, avoir constamment, sur la peau, des chemises et des caleçons de laine.

Si l'on n'avait pas de nombreux exemples du contraire, on serait tenté de croire, au premier abord, qu'un climat rigoureux et une misère, parfois excessive, doivent imprimer une certaine dureté au caractère de l'habitant. Le trait suivant viendrait à l'appui de cette opinion ; mais il faut bien se garder de conclure du particulier au général.

En 1833, vivait, avec sa famille, au fond du havre des grands Bréhats, un individu issu de parents irlandais, et dont le nom de baptême était John. Il est d'usage, à l'arrivée d'Europe, de faire visite à ces ermites, de s'informer de leur santé, et de la manière dont ils ont passé l'hiver. Après les compliments ordinaires, j'appris de John que sa femme était accouchée de deux enfants, morts deux heures après leur naissance, mais baptisés par lui-même ; qu'un de ses autres enfants avait eu beaucoup à souffrir du froid; et que sa femme était très-malade. Cette malheureuse était atteinte du scorbut ; son enfant avait les orteils, ainsi qu'une portion de la région lombaire, sphacélés par la congélation !

Mes confrères et moi leur administrâmes tous les secours que réclamait leur état ; la mère et son fils furent guéris ; mais ce dernier resta gravement incommodé, par suite d'une perte considérable d'os et de tissus, frappés de gangrène. Une gibbosité a été la suite de la carie des vertèbres.

Comme je ne voyais point de tombe dans le voisinage de la cabane, je demandai à Master John ce qu'il avait fait de ses enfants morts. Sa réponse me fit frémir d'horreur; il avait eu l'incroyable constance de couper les corps par morceaux, qu'il avait mis sur la planchette de ses piéges, pour servir d'appât aux renards; et ce moyen, ajouta-t-il, lui avait parfaitement réussi.

Comme il remarquait dans mes traits une extrême indignation, il me dit: comment, Monsieur, vous paraissez surpris de ma conduite? Quant à moi, je n'y vois rien de blâmable: ces enfants ont reçu le baptême; qu'ils aient été mis dans le ventre d'un animal ou dans la terre, ils n'en sont pas moins avec le bon Dieu.

Je ne serais jamais rentré chez ce père dénaturé, si l'humanité ne m'en eût fait un devoir pour sa femme et son fils.

La suite de l'histoire de cette intéressante famille est digne de ce noble début.

A quelque temps de là, le sensible John et un de ses fils rendirent le même jour leur âme à Dieu. Deux heures après le décès de ses maîtres, le bon chien *True-Boy* (*franc garçon*) mourut aussi. L'aimable épouse creusa la terre, et renferma ces trois êtres chéris dans le même trou.

Si Master John avait acquis, de son vivant, la prescience de ce fait, il aurait pu chanter avec le poète lyrique :

Mon pauvre chien ne me quitte jamais !

Mais détournons notre attention sur des objets plus riants, et qui, je crois, ne seront pas sans charme, pour quiconque sait manier le fusil de chasse ou la ligne.

Toutefois, avant de nous entretenir de la chasse et de la pêche, grands moyens de récréation, permettez-moi, cher lecteur, de vous donner quelques conseils, que vous vous trouverez bien, je pense, d'avoir suivis, si votre étoile vous conduit en ces climats.

Ne quittez jamais votre habitation pour pénétrer au loin dans les forêts, sans être bien armé, et avoir sur vous un briquet, de l'amadou, des allumettes, de bonne poudre, du plomb, des balles, des postes, des lingots de fer, des capsules de première qualité, un compas de poche, et, en sautoir, une petite hache à main.

Vous emportez des vivres en raison du temps que vous avez envie de rester dehors, vous choisissez, à l'abri d'une montagne, une caverne où vous déposez votre bagage ; une fois que vous êtes arrivé sur les lieux de chasse, vous y passez la nuit devant un bon feu, qu'ont en horreur tous les animaux sauvages, et vous êtes bien sûr qu'ils ne vous visiteront pas, tant que la flamme brillera au foyer. N'importe où l'on se trouve, c'est encore ce que l'on doit faire, dans les moments de brume. Celle-ci n'est jamais de longue durée, et vouloir voyager en pareil tems serait une très-grande imprudence; on s'égarerait assurément, même dans les contrées que l'on connaît le mieux.

Seul en chasse, il ne serait pas prudent d'attaquer un ours blanc, pour lequel les balles de plomb ne conviennent guères, à cause de l'épaisseur et de la dureté de sa peau. On peut en juger par l'expérience qui en fut faite il y a quelques temps, au havre des Ilettes.

Un ours blanc paraît: chacun de s'armer et de courir sus; les colons saisissent aussi leurs gros fusils, et, de toutes parts, sonne le tocsin de la destruction. Plus de trente coups, à postes et à balles, lui furent tirés à vingt pas; il grognait, secouait les oreilles et bâillait; mais ne bougea d'abord de la place où il se tenait assis sur son derrière, sur un gros caillou entouré d'eau. Il s'élance à la nage; les Anglais le poursuivent, et après différentes décharges de lourds lingots de plomb, il se trouve blessé. Alors, dans une rage épouvantable, il revient furieux sur l'un de ses agresseurs, qui lui défonce la poitrine à bout portant.

Il se leva tout droit sur les pattes de derrière, poussa un hurlement, et tomba raide mort.

Voici ma pensée au sujet de cette aventure. La poudre n'était de nulle valeur, comme bien des fois, à Terre-Neuve, j'en ai vu qui n'aurait pas permis de percer, à dix pas, la peau d'une perdrix. Comment voulez-vous que la poudre de cette espèce puisse porter atteinte à un cuir épais comme celui de l'ours blanc?

Je veux bien qu'un poil long, dur et très-serré, présente par lui-même beaucoup d'obstacles à une balle; mais, à une aussi faible distance, les projectiles, ne rencontrant pas d'espaces libres, pour pénétrer dans le ventre ou dans la poitrine, se seraient aplatis sur les os, s'ils avaient été chassés par notre bonne poudre *extra-fine*, de dix-sept à dix-huit degrés de force; l'ours alors aurait certainement bâillé bien différemment.

Ceux des colons qui, dans les circonstances dont il s'agit, en devinrent vainqueurs, mettaient dans leurs fusils de quadruples charges, et avaient sans doute de la poudre d'une qualité supérieure.

Je n'étais pas sur le lieu de la scène, mais d'après l'explication qui m'en a été faite par les principaux acteurs, leurs fusils étaient plutôt chargés avec du charbon soufré qu'avec du salpêtre, qui n'y figurait que pour l'enflammer un peu, et pour mettre leur vie dans un danger éminent.

La bonne poudre est souvent la seule chose d'où puisse dépendre le salut de vos jours; que votre corne d'amorce en soit toujours bien pourvue; ayez en sac des lingots de fer, roulés en cartouches, et qui, en une seconde, puissent descendre dans les canons d'un fusil double à gros calibre. Un ours vient-il sur vous, si la fuite est impossible, votre sang-froid vous sauvera. En vous possédant bien, ajustez l'animal dans la poitrine ou dans la gueule, et vous êtes sûr de le mettre hors de combat, en le tirant à bout portant. Les postes sont aussi les meilleurs projectiles, pour tirer les loups et les caribous.

Dans un bateau de pêche, monté par des hommes courageux, on ne doit nullement redouter l'ours blanc, un des plus féroces amphibies ; s'il nage vers l'embarcation pour l'attaquer, comme on l'a vu bien des fois, les matelots l'attendent de pied ferme, et se portent tous du côté opposé à celui où l'animal a l'intention de faire chavirer la barque ; sitôt qu'il vient à y fixer ses larges pattes, on les lui coupe à coups de hache. Ces premières blessures ne le rendent que plus terrible ; il revient à la charge ; on lui lance au cou une haussière à point coulant, et on l'assomme à coups de tête de hache. Il serait fort imprudent de se servir du tranchant, qui une fois enfoncé dans le crâne, s'en dégage difficilement; l'animal pourrait vous entraîner à la mer, si vous tenez fortement le manche de la cognée, ou du moins vous arracher celle-ci des mains. Si l'on est privé de ce bon instrument de défense, les piquois dont sont armés tous les bateliers pour embrocher la morue, sont d'un grand secours dans ces sortes de rencontres ; et ces puissances aux gros et longs poils, obstinées à vouloir manger le monde à la mer, paient presque toujours de leur peau leur cruelle audace.

Avant d'entrer dans les détails particuliers, disons un mot de la chasse et du gibier en général.

Tous les havres ne conviennent pas également au plaisir de la chasse : il y a, sur ces côtes, des endroits plus ou moins giboyeux.

Les contrées que j'ai vues les plus fertiles en gibier, sont les îles de Belle-Ile et Groix. On trouve sur Groix beaucoup de caribous, des renards, des loutres, et souvent des ours blancs ; on y rencontre aussi quelquefois des castors ; la perdrix et les oiseaux aquatiques y sont assez communs.

Sur Belle-Ile, les caribous et autres quadrupèdes sont beaucoup plus rares ; mais le gibier à plume, de toutes les espèces qu'on voit à Terre-Neuve, y est fort abondant. La perdrix (*Tétra-Lagopède*) m'y a paru tellement multipliée, qu'un chasseur expérimenté pourrait en tuer cent cinquante dans une même chasse.

Dans la saison des courlieux, c'est au S.-O. de cette île, que l'on doit se tenir pour cette chasse ; on s'embusque sur le bord du rivage, vis-à-vis de l'île Verte ; on n'a d'autre soin que de tirer, et de ramasser ce gibier du matin au soir.

La cause de cette abondance, en perdrix surtout, tient à ce que ces îles, en raison de la distance où elles se trouvent de la Grand'Terre, ne sont pas aussi fréquemment visitées en été qu'en hiver par les habitants de Terre-Neuve, ni par les sauvages, qui détruisent tout le gibier : ces derniers n'ayant que la chasse et la pêche pour moyens d'existence.

Dans l'hiver, au moment où les premières neiges viennent à tomber, les lièvres et les perdrix quittent les épais fourrés, et arrivent en foule dans les baies. Comme la majeure partie de celles-ci sont habitées, le gibier n'y est pas plus tôt aperçu, qu'il tombe sous les coups de fusil. Me trouvant, vers la mi-août, avec un habitant de Terre-Neuve, à qui je me plaignais de n'être pas heureux en chasse, comme j'aurais dû l'être dans un endroit aussi favorable que celui où je me trouvais, il me répondit que les rigueurs de l'hiver avaient refoulé dans la baie tout le gibier des montagnes voisines, et que lui, sur le seuil de sa cabane, avait tué, lors des premières neiges, plus de mille perdrix et au moins cinquante lièvres. Il m'expliqua comment on conserve le gibier ; le procédé est très-facile : Les gros quadrupèdes une fois écorchés, vidés et coupés par morceaux, et les oiseaux plumés et vidés, sont ensuite déposés par couches, dans des tas de neige ; ils sont frappés d'une congélation subite, et s'y conservent jusqu'au dégel. Quand les neiges volant en poussière ou l'excès du froid empêche les chasseurs de sortir, d'un coup de pioche, ils détachent de quoi se restaurer. Ils prennent toujours aux monceaux les plus anciens, quoique, pendant la gelée, il n'y ait aucune crainte pour la détérioration de ces substances animales. S'il leur en reste au moment du dégel, ils les conservent en les saupoudrant de sel : c'est bien ce qu'on appelle garder une poire pour la soif.

Les perdrix de Belle-Ile et de Groix, pendant la saison d'hiver, n'encourent pas de danger ; il n'y a pas d'habitants : circonstance bien importante pour la conservation du gibier, et d'où les chasseurs retirent ensuite d'immenses avantages, qui ne se rencontrent pas ailleurs. C'est, selon moi, la plus belle galerie de chasse du pays de Terre-Neuve.

Commençons l'exposé de chaque genre de chasse par celle de l'ours noir. Il est, sans comparaison, bien moins féroce que le blanc ; mais on doit cependant user d'une grande prudence, quand on parcourt les lieux fréquentés par cet animal. Il est herbivore et carnivore suivant les besoins ; mais le premier de ces deux états lui est plus familier. Dire que l'ours noir fuit constamment l'homme, et se sauve quand il en a connaissance, c'est un conte à dormir debout. Les deux faits suivants suffisent seuls à prouver le contraire, et cinquante autres pourraient au besoin être produits.

A peu de distance de la baie du Pistolet, un jeune homme, étant à laver du linge à un ruisseau qui serpente dans une petite plaine voisine de la mer, fut tué par un ours noir, qui lui déchira, d'un coup de griffe, toute la partie inférieure de la poitrine et du bas-ventre. Ce pauvre enfant ne poussa qu'un cri, qui fut entendu. En toute hâte on accourut à son secours; il n'était plus temps. L'ours abandonna sa proie et regagnait paisiblement la montagne, quand, cerné dans sa route, il fut tué, la gueule encore tout ensanglantée.

Aux grandes Ilettes, deux ours noirs d'une taille énorme descendirent du haut des montagnes, et mangèrent les vivres des hommes occupés à couper du bois, sans que ces derniers, que les animaux voyaient bien distinctement, osassent les en empêcher.

Les ours noirs, quand ils ont faim, bravent tout pour se procurer des aliments ; il n'est pas rare de les voir venir à la cabane du pêcheur, manger, pendant la nuit, de la soupe laissée dans les gamelles et des morceaux de pain.

L'ours ayant des petits, trop jeunes encore pour se défendre, affronterait, au dire des colons, les plus grands dangers, et ne lâcherait prise qu'à la mort.

Si ces animaux attaquent quelquefois l'homme, il est vrai de dire aussi qu'ils font généralement ce qu'ils peuvent pour l'éviter, et prennent la fuite quand ils en ont connaissance, si la faim ne les pousse pas excessivement.

On chasse l'ours noir au fusil et au piége.

Quand un indigène se trouve dans des parages fréquentés par un ours, il s'embusque, bien caché, sur le bord d'une plaine où il a remarqué que l'animal vient paître, et le tire le plus près possible, et dans l'endroit le plus sensible, c'est-à-dire dans la poitrine ou à la racine de l'oreille ; si l'ours n'est pas étendu raide mort, son ennemi, sans se montrer, recharge son fusil ; et si les blessures n'ont pas permis à l'animal de se lever, il l'achève de tuer, ou le laisse mourir avant de s'en approcher.

Pour accéder aux plaines, les ours ont des sentiers battus au milieu des arbres. Dans ces sentiers, on tend des piéges qui font peur à voir, et sont fixés avec d'énormes chaînes. Le sol étant creusé, pour que la bascule n'éprouve aucune résistance, on recouvre le piége avec de la mousse, afin que l'animal ne s'aperçoive de rien ; on en tend un autre à peu de distance, de manière qu'en se débattant, il puisse s'y jeter : ce qui le met hors d'état de se débarrasser.

On se sert aussi, en guise de piéges, pour ces sentiers, de gros fusils, dont les batteries sont recouvertes de peau ; on les charge avec des balles et des lingots, et on les dispose de manière à ce que les canons se trouvent en rapport avec le corps de l'animal. Des ficelles, fixées aux détentes, traversent le sentier, et l'animal, en passant, se tue lui-même. La peau de l'ours noir est très-recherchée, et les jambons en sont fort estimés.

Le caribou, que les colons et les esquimaux appellent en anglais *deer* (daim), est un grand animal de la famille des cerfs. Il a, comme eux, le pied fourchu, mais beaucoup plus large ; les jambes bien musclées et déliées ; la tête est surmontée d'un bois magnifique, recouvert, pendant l'accroissement, d'un petit duvet de couleur fauve et grisâtre, et dont les jets ressemblent beaucoup à une main ouverte, d'où s'élèvent comme des doigts aplatis, indiquant, ainsi que chez les cerfs, l'âge de l'animal. Par sa légère structure, il est propre à une course longue et rapide. J'en ai vu, dans un moment de venette, sauter, en place droite, un ruisseau de plus de six mètres de large, s'élancer d'un rocher sur l'autre, ainsi que le font les écureuils de branches en branches, et disparaître ensuite comme une ombre, aux regards des admirateurs, en gravissant les montagnes les plus escarpées.

La femelle est plus petite que le mâle ; elle n'est pas moins leste. Le caribou se nourrit des graminées du pays qu'il habite, de mousse et de feuilles, surtout de celles de bouleau, qui sont pour lui un mets friand. Il se plaît dans les plaines où il y a des étangs, voisins des grands fourrés, dans lesquels il se réfugie au moindre bruit, et une fois là, il n'en revient pas sitôt, et peut tranquillement dormir, sans craindre d'y être traqué. Rien n'est en effet plus difficile que de pénétrer parmi les sapins, enlacés les uns dans les autres, et le bruit des branches que l'on dérange, l'avertit de fort loin de se tenir sur ses gardes.

Le caribou se chasse avec le fusil.

Rien n'est plus facile à découvrir que les places fréquentées par les caribous. La mousse qui tapisse les plaines, reçoit l'empreinte de leurs pieds, et vous la retrace, comme la neige sur laquelle ils auraient marché. Les fumées fraîches, et les endroits des étangs où ils vont boire et se baigner, battus, comme l'est par un troupeau de bestiaux un abreuvoir rural, ne laissent rien à désirer au chasseur, certain de découvrir ces beaux animaux, en ne faisant pas de bruit. Il est donc bien entendu qu'il ne faut jamais tirer aucun gibier, quand on est sur la piste des caribous.

Ils ont l'odorat très-fin, et, en sortant des épaisses forêts pour se mettre à paître, ils allongent le nez sur les pieds de devant, où se trouve une petite échancrure remplie d'une matière onctueuse, semblable au cérumen des oreilles ; quand ils l'ont bien flairée, ils sentent de tous côtés ; et, les cornes et les oreilles droites, ils écoutent attentivement, lèvent les cuisses, se lèchent les flancs; puis, après avoir bien fait toutes ces petites grimaces, ils prennent leur repas avec beaucoup d'aplomb : c'est dans ce moment que le chasseur, se portant sous le vent de la plaine, finit par les joindre à portée. Un caribou est rarement seul ; dans les contrées où il y en a beaucoup, on en voit quelquefois douze, quinze et même davantage paître ensemble. Le chasseur, armé d'un fusil à deux coups et de gros calibre, chargé avec des postes recouvertes d'une seule balle, tire le plus rapproché, au défaut de l'épaule ou dans la tête. Ces gros plombs s'écartant beaucoup, le frappent à la fois, dans dix places susceptibles de compromettre son existence : car la peau n'est pas plus difficile à traverser que celle d'un chien ; et un coup de plomb ordinaire, bien dirigé sur les jambes à quarante ou cinquante pas, le met hors d'état de bouger, en le rendant instantanément paralytique.

L'animal peut être roulé, et se relever ensuite ; on lui envoie le second coup, qui souvent l'achève. Alors on se lance dessus et on le saigne.

Si l'animal n'est que blessé, avant de se montrer et de le suivre, on recharge son fusil, tout en observant la direction qu'il prend ; on le suit au sang, et en allant doucement on le rencontre mort ou très-malade. Dans ce dernier cas, on fait en sorte de le tirer dans la tête, pour ne pas avoir à courir plus loin.

Si l'on perd la piste sur le bord d'un étang, c'est de bien regarder à la surface et au fond : on est presque sûr de l'y voir : car le caribou blessé a un propension extraordinaire à se mettre à l'eau, qui rend, sans doute, ses souffrances plus supportables. Si, dans cet état, on lui voit donner quelques signes de vie, on se couche, et l'on attend qu'il soit mort pour l'aller chercher.

Souvent, en chasse, vous apercevez un caribou resté dans l'inaction ; vous devez conclure de là qu'il a pris son repas. Il descend à l'eau, s'y baigne, remonte sur les bords de l'étang, se secoue, se lèche, se roule et se couche sur le côté, les quatre jambes raides. En ce moment, il ne remue qu'un peu les oreilles et sa courte queue, quand la peau se contracte par la piqûre de quelques insectes : profitant de cette pause, vous le tirez à bout portant.

Dans les grandes chaleurs de l'été, les moustiques le dévorent ; il s'en débarrasse en se jetant à la nage, et en se dirigeant, au sortir du bain, vers le sommet d'une montagne pelée (1), d'où l'air vif a chassé ces insectes.

Si l'on a le bonheur de tuer, dans un troupeau,

(1) On nomme ainsi à Terre-Neuve une masse de rochers sans bois.

la sentinelle, qui est le vieux mâle, toujours aux aguets pour veiller au salut de ses parents et amis, toute la société, pour raisons à elle connues, se rallie autour du cadavre, essaie, en le heurtant, de le remettre sur les jambes, et cette cérémonie funèbre, commune à tous ces intéressants animaux, fournit au chasseur l'avantage d'en tuer plusieurs du second coup de fusil.

Il est d'autres moyens pour la même chasse.

Les caribous, pour descendre des montagnes, au sortir de leurs impénétrables retraites, suivent toujours les mêmes sentiers. Ces passages une fois reconnus pour être bien pratiqués, on se munit de bonnes cordes neuves en chanvre de première qualité ; on tend, au passage des animaux, un bon lacs à point coulant à un demi-mètre de terre, et offrant une circonférence d'un mètre environ. L'animal, dans le fourré, marche, son bois couché sur les épaules, le mufle en l'air. Le lacet est retenu par de petits bouts de laine, qui sont aisément rompus ; alors le caribou est étranglé, ou saisi de manière à tomber à la disposition du chasseur. Il faut, au préalable, avant de tendre cet infaillible engin, le frotter fortement avec de l'herbe, et des plantes aromatiques, pour faire disparaître toute odeur étrangère.

On s'empare aussi de ces ruminants au moyen du grand piége, ou traquenard, et enfin de la même machine infernale qui sert pour la destruction de l'ours noir.

La peau en est peu estimée par les sauvages et les colons ; mais la chair, très-succulente, comme celle du bœuf, donne d'excellents potages, et fait les délices d'une table.

Un filet de caribou, cuit à point à la broche, est un des mets les plus délicieux que puisse savourer le palais d'un gourmet.

Après vous avoir parlé du caribou, il faut vous dire deux mots d'une puissance majeure, habitant les forêts de Terre-Neuve, c'est le loup-cervier, l'implacable ennemi de ce ruminant, dont la chair doit satisfaire à sa gloutonnerie. Le caribou l'a tellement présent à la mémoire, que pendant l'hiver, songeant qu'au printemps sa biche doit mettre bas un faon, et que la gestation, embarrassant sa marche, la ferait tomber sous la dent de ce cruel animal, il la chasse devant lui dans les lieux les plus éloignés des repaires des loups, et, si faire se peut, passe avec elle sur les glaces, aux îles voisines de la côte, vers laquelle il retourne à la nage, après la disparition de la banquise, et accompagné de sa progéniture, surtout quand ces îles ne lui offrent pas un bon refuge, ni une nourriture suffisante.

Tous les caribous ne quittent pas les forêts ; on y en voit des troupeaux en été comme en hiver, et toujours avec une sentinelle en vedette. Les loups se réunissent aussi par bandes très-nombreuses, et s'ils aperçoivent un troupeau de caribous, ils cernent la plaine, gardent par guet-apens les endroits qu'ils supposent les plus favorables pour la fuite.

Une fois les camarades embusqués, plusieurs vont au pas de course pousser les pauvres herbivores dans la gueule du loup à l'affût ; et tous partagent le butin.

Les colons et les esquimaux se défient beaucoup de ces loups, et les considèrent comme les hôtes les plus redoutables de la côte de Terre-Neuve, surtout quand ils sont attroupés.

Ils les tuent au fusil, ou les prennent au piége, en les y attirant par l'odeur des carcasses de loups marins ou d'autres animaux.

Pendant mon dernier voyage, un de ces féroces quadrupèdes vint de nuit à la cabane d'un sauvage, et lui éventra quatre chiens. Le lendemain, ce nouveau Vendredi entoura de piéges les cadavres de ses pauvres chiens aux trois quarts mangés, et messire loup, la nuit suivante, paya de sa peau les dégâts de la veille. D'un aspect aussi farouche que celui de l'hyène, ces animaux sont d'une grande taille et d'une force prodigieuse.

La peau, à fond blafard marqueté de gris, est une magnifique fourrure. On la conserve d'ordinaire avec la tête, la queue et les pattes, pour servir de descente de lit, ou de tapis dans les salons de compagnie.

Laissons ce carnassier aux habitudes féroces, et parlons du doux et timide castor, et de ses merveilleux travaux.

De tous les animaux connus sur la surface du globe, le castor est assurément, par la perfection de son instinct, un de ceux qui excitent le plus d'admiration.

Cet animal, du volume d'un chien basset de race moyenne, est de couleur bleuâtre ; il a le poil très-serré, d'un roux blafard à sa racine, les oreilles peu saillantes, la tête légèrement allongée, et les dents incisives de la mâchoire supérieure, arquées et taillées en forme de ciseau de charpentier. Elles sont reçues dans des alvéoles tellement profondes, que l'extrémité de leur courbure répond presque à l'orifice du larynx. Les yeux, d'une belle coupe ovale, sont vifs et fins.

Les pattes, courtes et palmées, sont noires et armées de griffes ; au-dessus de l'anus est une queue aplatie, couverte d'écailles non mobiles ; elle ressemble, par la forme, à la truelle d'un maçon. De cette queue suinte un huile épaisse et d'une odeur nauséabonde : entre l'anus et les parties de la génération, on remarque des vésicules ovoïdes, qui contiennent une matière grasse, onctueuse, très-odorante, c'est le *castoréum*, substance fort usitée en médecine ; on doit la recueillir avec le plus grand soin, le prix en étant assez élevé.

Le castor fixe sa résidence dans les lacs et les étangs les plus éloignés du bord de la mer, surtout des habitations ; car la solitude fait son bonheur.

Quand on a l'intention de le chasser, il faut, une fois parvenu dans l'intérieur des forêts où l'on voit des étangs, regarder s'il se trouve en ces parages des aunes et des bouleaux : l'absence de ces arbustes doit vous engager à porter ailleurs vos investigations. Quand paraissent à vos yeux des lacs ou étangs, dont les bords sont avantageusement boisés, s'il y a dans la contrée une famille de castors, vous ne tardez pas à voir quelques-uns de ces arbres abattus, émondés, dolés et débités, aussi proprement que par la hache d'un charpentier : travail dont bien des fois je me suis fort émerveillé.

La raison pour laquelle on trouve rarement les castors dans les lieux où ne croissent pas les deux essences dont j'ai parlé, c'est qu'ils n'emploient guères que ces arbustes à la construction de leurs digues et de leurs cabanes ; il est à présumer que les autres arbres, pins, sapins, spruces, mélèzes et sapinettes, répugnent à leurs dents, à cause de la très-grande quantité de térébenthine qu'ils contiennent.

Les castors emploient toujours à différents usages les morceaux de bois qu'ils ont coupés ; mais il arrive assez communément que des troncs d'arbres trop pesants ne peuvent être traînés par eux ; s'ils ne réussissent pas à en opérer le transport, ce n'est pas sans l'avoir bien essayé. Comme ils vivent en famille, dans une étroite sympathie, leurs travaux sont communs et continuels. Si, pour l'exécution de quelque œuvre d'architecture, ils ont besoin d'une forte pièce de bois, une fois abattue, ils la saisissent avec les dents par les branches émondées, et tirent à reculons de toutes leurs forces pour la mettre à l'eau. Il est aisé de juger de la peine qu'ont éprouvée ces laborieux animaux, à la manière dont la terre est battue par l'enfoncement de leurs pattes, et aux déchirures des grosses branches. Quand ils veulent traîner à l'eau des masses qui surpassent leurs forces physiques, ne croyez pas que leur instinct soit à bout : revenez quelques jours après, et vous verrez ces madriers inébranlables coupés en plusieurs bouts, et disposés comme par la main d'un artisan.

Voici comment les castors procèdent à la construction de leurs cabanes.

Après avoir choisi un lieu conforme à leurs goûts et à leurs habitudes, ils se mettent à l'œuvre, coupent des troncs, des branches de bouleau et d'aune, les terminent en pointe, et les plantent dans l'étang, à peu de distance des bords.

Ces morceaux de bois, à la partie supérieure, portent l'empreinte de dents assez profondément enfoncées dans l'écorce : cela vient de ce qu'un de ces animaux, tout en nageant, maintient son pieu, saisi à la partie supérieure, dans une position perpendiculaire, tandis qu'un ou plusieurs de ces savants ouvriers, amoncellent et entassent pierres sur pierres pour l'assujettir à sa base. Après avoir ainsi dressé une foule de pilotis égaux, ils placent, en travers et en tous sens, des troncs et des branches d'arbres, pour faire un bon plancher de forme ronde, qu'ils recouvrent de terre ; ils battent bien celle-ci avec leur queue-truelle, et ménagent, sur un point de ce plancher, une ouverture pour communiquer directement avec l'eau ; ils enfoncent ensuite et consolident de la même manière, tout autour et sur les bords de leur aire, établie au-dessus du niveau de l'eau, des morceaux de bois, longs de trois mètres environ, et rapprochés les uns des autres à leur sommet en forme de faisceau, représentant parfaitement la couverture d'un colombier, ou celle d'un four dans nos compagnes ; le sommet offre une surface courbe assez étendue ; ils recouvrent le tout de terre bien battue et bien huilée, pour venir s'y reposer plus tard ; grâce à leurs truelles, qui la rendent dure comme de vrai ciment, et tout-à-fait imperméable, ils ne laissent à l'extérieur de l'édifice, aucune communication avec l'air, et en hiver, ils doivent être très-chaudement couchés.

La dimension de leurs cabanes varie, je crois, en raison du nombre d'habitants ; j'en ai vu de trois à quatre mètres de diamètre à leur base, d'autres en ayant à peine deux; mais toujours est-il qu'elles sont construites dans les mêmes formes, et avec les mêmes matériaux.

L'élévation de leurs demeures aquatiques n'est pas toujours la même, à cause de la direction plus ou moins inclinée, qu'ils donnent à la toiture; il est assez facile, avec du temps, de découvrir l'édifice, pour en explorer l'intérieur.

Quelquefois l'habitation est distante de deux ou trois mètres du bord du lac ou étang; alors ils établissent, entre cette dernière et la terre, un pont bâti comme le plancher de la cabane, sur de bons pilotis, et de façon à ce que, de la surface de l'eau, ils montent dessus sans difficulté, aussi bien que sur leurs cabanes, pour se chauffer et dormir au soleil.

J'en ai vu, au moindre bruit, plonger pour entrer dans leurs cabanes, ou bien se réfugier dans des cavernes souterraines, communiquant à la forêt voisine, et toujours dans des endroits presque impraticables. Il est à présumer qu'ils se rendent d'abord dans leurs cabanes, et je pense que celles-ci sont pour eux ce qu'un terrier est pour le renard, le blaireau et le lapin. Il est impossible d'arriver jusques à eux sans un grand travail de démolition, et au moindre bruit, ils peuvent s'esquiver loin de leurs ennemis.

Leur aire est toujours sèche, et toujours à la même élévation au dessus du niveau de l'eau.

Les castors, voyant la crue des eaux, lors de la fonte des neiges, vont au ruisseau en pente, qui sert d'égout à leur étang, déblayer les cailloux et les terres, qui obstruent le courant, et exécutent ce travail de manière à maintenir leur demeure à l'abri de la submersion. Les eaux, par le contraire, viennent-elles à diminuer notablement, la laborieuse famille est bientôt rendue aux endroits déblayés, pour se livrer à des travaux tout différents. Les eaux ont déjà trop coulé, elle a peur de les voir baisser davantage, et la délibération n'est pas longue. Castors de tout âge, de tout sexe, de s'occuper, chacun selon ses forces, à faire de solides barrages, pour obtenir le niveau désiré.

Ils font alors une haie avec des pieux de même hauteur, rapprochés les uns des autres, maintenus droits et solides par des pierres et des gazons, et enlacés, de sens et d'autres, avec des branchages semblables à ceux de leurs cabanes; cette digue représente au mieux les claies dont les maçons se servent pour leurs halliers.

Jetons maintenant un coup d'œil sur l'intérieur des cabanes des castors.

Un de mes compatriotes, lieutenant de vaisseau, qui n'avait jamais vu les castors, ni admiré leur étonnante sagacité, me supplia de lui donner l'occasion de contempler cette merveille de la nature ; je le conduisis dans une de ces solitudes, où je connaissais une famille de ces intéressants animaux, famille que j'avais hélas ! bien décimée. Mon intention était de prendre le reste aux piéges ; mais il en fut autrement ; mon camarade d'excursion demanda la visite intérieure du local : donc après avoir bu, perchés sur le haut de la cabane, chacun un petit verre d'eau-de-vie, nous procédâmes à sa démolition, d'où devait immédiatement résulter l'expulsion des castors. Un des pans de l'édifice abattu, nous découvrîmes des compartiments parfaitement établis, des alcôves remplies de mousse, d'herbes fines, et de pelures de bouleau. Nous nous dîmes: voici le temple du sommeil, et le lieu destiné à recevoir la progéniture. Dans un des coins existait un autre compartiment : c'était un espace garni de tringles aiguës à leurs extrémités, enfoncées horizontalement dans la toiture, et formant un carré à peu près régulier ; au fond était un peu de mousse. mêlée de quelques brins d'herbe, mais moins symétriquement arrangée que la première. Au centre, se voyait un vide assez vaste, que l'on pouvait, à juste titre, nommer la salle à manger; il y avait beaucoup de restes d'arêtes, et d'écailles fraîches de truites, poissons dont fourmillent ces étangs. Nous pensâmes avec raison que ces animaux, doués d'une grande propreté, font tomber à l'eau, par leur porte de secours, les résidus susceptibles de se détériorer. Nous leur fîmes sans doute visite au moment où ils venaient de finir leur repas, ce qui ne leur donna pas le temps de balayer leur salle, se voyant dans la nécessité de déloger à toute hâte, sans tambour ni trompette.

On rencontre, le long des ruisseaux, des castors marrons ou fugitifs ; on ne les manque pas, quand on peut se les approprier. Les colons et les Esquimaux m'ont assuré que ces castors errants sont chassés du sein de la famille, pour cause de paresse et d'incapacité de travail ; et ce, après avoir été bien corrigés, et qu'il est aisé de s'en convaincre par les cicatrices de morsures, dont leur peau est communément empreinte.

Le castor, quand il nage, a tout le corps dans l'eau, on ne voit que le petit bout du nez, qui ne paraît pas plus gros que la moitié d'une souris ; et ce seul point surnageant forme un sillage, semblable à celui d'un frélon, qui, tombé dans l'eau, chercherait à regagner le bord en agitant ses ailes.

Destructeurs nés de tout ce qui nous entoure, nous épuiserions la nature, si elle n'était pas inépuisable : et toi aussi, animal aux instincts savants, toi qui fus architecte avant que l'homme pût l'être, tu subirais cette loi terrible :

Venit summa dies et ineluctabile tempus.

A ce sujet, j'ai quelquefois fait une réflexion que

je ne veux point garder pour moi seul. La dépouille de cet animal compenserait-elle les frais qu'il y aurait à faire, pour le maintenir à l'état de domesticité? et, dans ce cas, des propriétaires aisés, placés à proximité d'eaux convenables, ne pourraient-ils pas en tenter l'essai? Fort commun autrefois au Canada, le castor y est devenu très-rare. On a suivi, à l'égard de ces industrieuses créatures, le procédé du sauvage, qui coupe l'arbre pour en avoir le fruit. Le misérable Esquimau, dans les régions polaires, chasse le renne, le détruit, et végète en proie à la famine; le Lapon conserve le même animal en troupeaux, et vit, comparativement, dans une sorte d'aisance.

Les castors, très-peureux de leur naturel, ont en horreur l'explosion de la poudre: si l'on tire un seul coup de fusil dans leur paisible séjour, ils se considèrent comme perdus sans ressource; si l'un d'eux a été blessé ou tué, ils prennent tous la fuite et on ne les y revoit plus. Il est aisé de les prendre d'une autre manière: à l'endroit où ils ont abattu du bois, on tend des piéges, retenus par une bonne chaîne en fer, et bien recouverts de mousse; ils ne manquent pas d'y être saisis; mais il faut soigneusement y veiller: car ils ne tardent pas à se couper la patte pour recouvrer leur liberté.

Le moyen par excellence et infaillible, c'est de déranger, à leur digue de barrage, qu'ils vont à chaque instant visiter, quelques branches ou quelques pierres pour faire écouler l'eau, et d'y placer un piége, à l'extrémité duquel on fixe un lourd caillou, et dont la moindre secousse opère la bascule ; on le recouvre de petites broussailles, que l'on trouve arrêtées à la digue, afin que l'animal ne voie rien d'apprêté ; ce piége, tendu au dessus d'une certaine profondeur d'eau, tombe à bout de chaîne avec l'animal, qui n'a pas la force de le ramener à la surface, et qu'on trouve noyé.

On prend de cette manière la famille en entier, tandis qu'en les tirant à l'affût, on n'en tue qu'un ou deux, puisque la désertion vous prive du reste.

Je vous parle d'une chasse que j'ai beaucoup pratiquée dans la saison d'été, sous la direction d'indigènes fort expérimentés : voici comment ils y procèdent pendant l'hiver. Les chiens de Terre-Neuve sont habitués à la chasse de certains animaux de leur pays, comme les nôtres le sont, en Europe, à celle des animaux de cette contrée.

Dans cette île, excepté sur les montagnes, d'où les tourbillons de vent la chassent, il se trouve sept à huit mètres de neige sur les surfaces unies, et des profondeurs énormes entre les collines : tout est enseveli sous ces couches d'albâtre, sauf la cime des arbres les plus élevés.

De toutes parts, on a le même coup d'œil ; les habitations des castors ne sont plus apparentes ;

l'odorat des chiens est seul capable de les faire découvrir. Ces fidèles compagnons, qui reconduisent leurs maîtres au foyer, après de très-longues courses, et par les chemins les plus courts, font le tour des étangs, s'arrêtent devant les cabanes des castors, et aboient jusqu'à ce que le chasseur arrive.

La place indiquée, le maître regarde dans le bois, pour voir si l'arbre en face n'est pas dolé, ce qui prouverait la possession par découverte antérieure : pacte inviolable entre les habitants. Si l'arbre n'est pas marqué, le chasseur monte sur la cabane, fait disparaître la neige du sommet, perce le toit, avec l'attention de ne rien faire tomber de malpropre dans l'enceinte de l'édifice ; il regarde attentivement où se trouve la porte de sortie, fait un trou à l'extérieur dans la neige et la glace, et y tend un piége, le ressort tourné vers la cabane, et les branches de ce piége en rapport avec l'eau ; par une active surveillance, il s'empare de tous ces amphibies, après avoir bien recouvert le trou du haut.

Pour connaître le nombre des castors que renferme la maison commune, le chasseur ôte les raquettes qui l'empêchent d'enfoncer dans la neige, frappe un bon coup de pied sur la cabane, et prête l'oreille : les castors se jettent dans l'eau les uns après les autres ; il est alors aisé de les compter. La peau du castor se vend une guinée les 500 grammes ; et les habitants de ces climats font leurs délices de sa chair, que je n'ai jamais pu trouver bonne, n'importe à quelle sauce, à cause de son goût de poisson et de sauvagin.

Tous les animaux ne sont pas aussi intéressants que le castor : ce n'est pas une raison pour les dédaigner.

La loutre de Terre-Neuve est de la même couleur et de la même forme que celle de France ; mais elle est beaucoup plus forte, et a le poil plus long et plus serré. Comme celle de notre pays, elle se trouve toujours dans le voisinage des eaux, et surtout des ruisseaux et des étangs remplis de truites et d'anguilles, qui sont pour elle des mets friands.

Pour vous en emparer, vous envoyez dans la forêt votre chien courant, qui, parcourant le terrain, en rencontre assurément, quand l'empreinte des pattes de l'animal sur le sable ou la vase vous annonce qu'il y en a. Au premier coup de gorge du chien, tenez-vous au bout du ruisseau, qui n'est jamais profond ; vous y verrez revenir la loutre pour se lancer à la mer, et il vous sera facile de l'y tuer. Il est aussi fort aisé de voir, aux empreintes, les lieux les plus fréquentés par elle ; alors on tend dans l'eau des piéges comme pour les castors, et on l'y prend, en recouvrant bien chaîne et piége, de manière à ne lui inspirer aucune défiance. Par un beau clair de lune, à la chute d'un ruisseau à la mer et au fond d'une baie inhabitée, embusquezvous dans des broussailles, ou grimpez dans un arbre, vous êtes sûr d'en tuer souvent plusieurs, en tirant bien, avec une bonne arme chargée à postes, ou à plomb double zéro. La peau se vend trente-six francs, sur place.

Pour cette chasse, comme pour toutes les autres, le choix des chiens est un point de grande importance.

Le chien courant convient beaucoup pour la chasse en plaine et sur les montagnes ; mais il faut qu'il réunisse les qualités suivantes : qu'il ait un bon jarret, qu'il soit obéissant, qu'il aille à l'eau et rapporte bien, qu'il arrête sur le poil et la plume, et surtout qu'il pille au premier commandement : sans cette dernière qualité, on doit le considérer comme n'étant pas propre à grand'chose. S'il est ferme, au point de se tenir une journée en arrêt sur du gibier qui ne bouge pas, il peut, à chaque instant, rencontrer de quoi exercer sa patience, dans un pays où les lièvres et les perdrix ne sont nullement farouches. Alors, s'il tombe en arrêt dans des bosquets de pins, où vous ne pouvez le découvrir, vous courez risque de perdre votre chien, étant obligé de rentrer sans lui, et votre chasse devient infructueuse.

Au chien ferme, ne forçant pes son arrêt au commandement, serait bien préférable un chien courant, qui débusque bien sans faire perdre de temps à l'attendre. Si votre chien se trouve égaré, gardez-vous de le siffler et de tirer des coups de fusil : la reproduction de ces bruits, par les échos des montagnes, lui fait souvent prendre une route opposée ; vous recommencez ; il s'égare de plus en plus, et vous le perdez. Il est beaucoup plus prudent de vous tenir en silence dans les parages où il vous a quitté ; et il vous retrouve à la piste.

Une fois arrivés à Terre-Neuve, tous les chiens contractent, par je ne sais quelle cause, les habitudes du pays : carlins, roquets, bassets, etc., vont à l'eau et rapportent, et je conclus de là que, quand ils ont quelque disposition pour la chasse, ils sont tous propres à entreprendre la campagne à la satisfaction de leur maître.

Ce serait vous manquer grossièrement, ô chiens si renommés de Terre-Neuve, que de ne pas dire encore quelques mots de vous, que nous visitons tous les ans. Je vous fais de nouveau compliment de votre fidélité, et de votre étonnant instinct ; mais j'ai beaucoup de reproches à vous adresser sur certains faits qui sentent la barbarie. Quelquefois la vérité choque : n'allez cependant pas, je vous prie, vous formaliser au point d'en venir à me mordre, si je retournais chez vous : car je vous déclare que si vous vous permettiez de tels excès, le dernier supplice vous serait alors immédiatement infligé, en punition de votre brutalité.

Si j'ai fait traverser l'océan à des chiens de mon pays, pour me livrer dans le vôtre au plaisir de la chasse, c'est que vous n'avez jamais brillé sous mes yeux dans ce genre d'exercice. Cela vient-il de ce que vous n'avez pas l'odorat assez fin pour dénicher le gibier, ou de votre manque d'habitude ?

Selon moi, ce dernier point est la seule cause de votre peu de succès. D'après ce que j'ai vu faire à plusieurs de votre race, vous pouvez, organisés comme vous l'êtes, seconder avantageusement les efforts d'un chasseur : car que peut-on demander de mieux à un chien, que d'arrêter toute espèce de gibier, d'aller à l'eau, de rapporter, de chasser le lièvre et le lapin ; d'étrangler au besoin et renards et blaireaux ? Beaucoup d'entre vous s'acquittent à merveille de ces diverses missions à Terre-Neuve ; vos maîtres et vos maîtresses exigent seulement de vous que vous les accompagniez, patte au talon, lors de leurs excursions. Qu'ils soient à pied ou en traîneau, vous êtes à même de les défendre de leurs ennemis, qui ne peuvent être que quelques bêtes féroces, et ce n'est pas peu d'avoir affaire à des ours et à des loups-cerviers, que la faim dévore. Vous rapportez parfaitement le gibier tué, soit à terre ou sur l'eau. Vous êtes, pour cet élément, singulièrement favorisés de la nature. Vos pattes, garnies de membraner jusques à l'extrémité des griffes, vous donnent la faculté de nager et de plonger, à la façon des amphibies : cela vous met à même, si vous n'avez rien à manger, de happer, aussi bien qu'eux, les poissons qui vous plaisent. Lorsque vous n'avez pas à croquer, dans vos baies, de ces habitants de l'onde, ne comptant pas sur un pain qu'on ne vous donne jamais, vous vous entendez comme des coupeurs de bourse, et, vous dirigeant par troupes vers les plaines où se trouvent en abondance de gros mulots rouges, vous décimez ces animaux à volonté, et selon votre appétit. Pendant la neige, vous vivez, grâce aux bons soins de vos maîtres, de poissons secs ou salés, de carcasses de veaux marins, d'ours blancs, et des curées des caribous. Vous méritez bien d'avoir bonne part au dépècement de ces derniers : car je me suis laissé dire qu'au moment où tout est couvert de neige, on vous attelle, comme des chevaux, sur des traîneaux, dans lesquels sont assis vos maîtres armés de pied en cap. Ils vous dirigent où ils veulent ; vous exécutez leurs ordres sans grogner. Quand ils vous mettent sur la piste d'un troupeau de caribous, si l'empreinte est fraîche, vous savez, tant par l'aspect que par votre odorat, qu'un bon repas vous attend, si vous pilotez bien vos chasseurs, et leur faites abattre un ou plusieurs de ces animaux : alors vous ne manquez pas, instinctivement et guidés par le besoin, de faire ce qui dépend de vous pour apaiser la faim, qui souvent vous aiguillonne.

Vous remplissez seuls, dans les habitations, tous les devoirs que se partagent, en Europe, plusieurs animaux domestiques ; vous rendez à vos maîtres des services indispensables, puisqu'ils n'ont que vous comme moyens de transport. Quand la mer est gelée, vous les traînez, à leur gré, d'un havre à l'autre, plus promptement qu'une diligence ne le ferait sur nos routes. Vous exécutez le charriage de tous leurs bois de construction et de chauffage, etc. Voilà, certes, de beaux titres à notre estime.

A côté de ces grandes perfections, se rencontrent chez vous beaucoup de défauts, qui ne vous font guères d'honneur. On dit, par proverbe, que les renards ne mangent pas leurs semblables. Mais vous, chiens de Terre-Neuve, dans votre lieu natal, quelquefois vous mangez les vôtres.

Si l'un de vos parents vient en France, et qu'à son retour il aille vous faire visite, il est immédiatement dévoré: entre voisins aussi, vous vous comportez quelquefois de cette manière: à plus forte raison, quand vous avez appétit, les chiens de France subissent le même sort, si vous les rencontrez à portée. Ce sont là des faits honteux, dont vous ne pourriez contredire l'authenticité. J'ai eu la disgrâce de vous voir plusieurs fois jouer de ces mauvaises farces.

Un jour, il m'en souvient, un capitaine passant près d'une de vos habitations, avait eu la sage précaution de mettre sous son bras un fort joli chien.

Arrivé sur le bord de la mer, il ne se méfiait de rien, et mit par terre ce bon petit animal, qu'il aimait beaucoup. Il croyait son cher *Colibri* soustrait à votre voracité ; mais tout à coup, plusieurs d'entre vous, s'élançant du centre des broussailles, dans lesquelles il ne les croyait certainement pas embusqués, fondirent sur le pauvre petit chien, le mirent par lambeaux, et l'avalèrent presque sans le mâcher.

Il n'est donc pas de bonnes bêtes sans défauts, pas même vous, chiens de Terre-Neuve, qui avez cependant la réputation d'être d'un caractère doux, j'allais aussi dire : hospitalier ; mais je vois que c'est dans votre ventre que vous donnez, quand vous avez faim, l'hospitalité aux étrangers et même à ceux de votre race. Vous n'êtes pas, dans ces moments-là, des modèles de douceur ?

En France, vous n'êtes pas aussi cruels ; je ne crois pas qu'on puisse vous y reprocher des barbaries de cette nature : cela tient sans doute à ce que, dans ce pays, vous n'êtes pas, comme dans le vôtre, nourris au carnage : ce qui doit nécessairement améliorer votre naturel un peu sauvage, et vous rendre moins avides de sang.

CHAPITRE VIII.

Le rat musqué. — Manière de le chasser. — Du renard de Terre-Neuve, et de sa chasse. — Le renard de France et le renard de Terre-Neuve, fable.

Le rat musqué habite, comme les castors et les loutres, au bord des ruisseaux et des étnags; il vit de poissons et d'herbes, surtout de tiges de nénuphar.

Quand le chasseur a découvert des endroits favorables à cette chasse, ce dont il s'assure en faisant le tour des étangs, il est presque sûr de prendre tout ce qu'il y en a : car ils sont infiniment moins peureux que les autres amphibies.

Si l'on voit l'herbe rompue, coupée, sur le bord de l'eau ; des sentiers battus et pratiqués sous les *banques* (1) ; des crottes fraîches sur les cailloux et les petits rochers à fleur d'eau : ces indices présagent un succès assuré.

Le matin, à la pointe du jour, et le soir, au coucher du soleil, vous tuerez ces animaux à l'affût, en vous postant dans les lieux les plus fréquentés par eux.

(1) Rives creuses en dessous, de l'anglais *bank*.

Les procédés les plus destructifs sont les piéges; on les tend dans les sentiers parcourus par les rats; on plante de chaque côté quelques petites branches, pour ne laisser juste que la largeur de l'engin. On creuse, selon la forme de celui-ci, une petite fosse, dans laquelle on le place; on le recouvre d'une pincée d'herbe; cet expédient est toujours suivi d'une complète réussite.

Il faut, toutefois, avoir grand soin de fixer ces piéges avec des chaînes de fer; car le patient, ou un de ses camarades, couperait les cordes, et l'on courrait risque de tout perdre; si l'on ne tend pas au passage, on se contente de faire griller un peu de couenne de lard, ou un peu de chair d'oiseau; on la fixe sur le marche-pied, et le succès est infaillible; n'importe où l'on place le piége, ils sont attirés par l'odeur. Alors même que l'on tend dans les sentiers frayés par eux, il ne faut jamais négliger cet artifice, quand on peut y avoir recours: c'est le moyen par excellence, et qui m'a toujours le mieux réussi. La peau du rat musqué se vend, à Terre-Neuve, deux francs quarante centimes (deux schellings anglais), et malgré l'apprêt que l'on y fait subir, elle n'en conserve pas moins indéfiniment son odeur de musc.

Les amphibies les plus communs, tels que les veaux marins, les loutres, les castors et les rats musqués, sont les seuls animaux dont les peaux soient bonnes, pendant la saison d'été que nous passons à Terre-Neuve ; c'est ce qui fait dire proverbialement : il n'y a qu'un seul jour dans l'année où leurs dépouilles ne soient pas valables : c'est celui où l'on n'en prend pas.

Le renard de Terre-Neuve, assez commun dans les forêts de cette île, a les mêmes formes et le même instinct que celui de France ; mais un habit bien plus fourré ; dame nature, dans sa prévoyante sagesse, sachant bien qu'en tels climats il ne serait guères aisé de vivre habillé à la légère, a su pourvoir à un tel cas, les ayant vêtus de très-chaude manière. Aussi ces compères-là sont porteurs d'une magnifique fourrure, fort chère en hiver, et de nulle valeur en été, à cause de la mue du poil. A la mi-septembre, les peaux commencent à être bonnes : on peut quelquefois, pendant cette dernière quinzaine de séjour à la côte, avoir occasion d'en rencontrer, et je vais communiquer aux amateurs mes meilleurs stratagêmes pour y parvenir.

Avec un bon chien courant, on se dirige vers les plus grands fourrés, dont on prend le dessus, en suivant les chaînes de montagnes où il n'y a pas de bois ; le chien ne manque pas de prendre des quêtes dans les plaines, et parmi les rochers, où le renard s'est promené pendant la nuit, pour y attraper des perdrix et de gros mulots rouges, dont il fait sa principale nourriture. Voyant le chien pénétrer dans le fort, on se place dans les clairières, où se trouvent de petites langues de terrain plus ou moins longues, et qui communiquent à d'autres grands fourrés : c'est presque toujours là que passe l'animal, qui cherche, tout en se sauvant, les moyens de se bien cacher. Le chasseur le voit ou l'entend ; au moindre bruit il doit mettre en joue, et à la première vue lui lâcher le coup. On doit bien penser que lorsqu'on n'a qu'un petit espace pour pouvoir découvrir un renard, qui va souvent bon train, le temps de mettre le fusil à l'épaule donne à l'animal celui de passer librement.

S'il se terre, le chien, qui gratte au trou, ne vous permet pas de douter du lieu de refuge : vous examinez bien s'il y a plusieurs trous; vous les bouchez avec force, et tendez un piége à celui d'entrée, que vous bouchez encore aux trois quarts. Le renard, voyant un peu de jour, vient de préférence à celui-là, et se prend au piége tendu dans les ténèbres. A défaut de piéges, une mêche soufrée mise au vent, un moment après qu'il n'entend plus de bruit, le fait souvent débusquer, et vous fournit l'avantage de le tuer. Quand on connaît parfaitement leurs tanières, si l'on est plusieurs chasseurs, on s'y place, et on les tue peu de moments après qu'ils ont été lancés par le chien : car ils ne se font pas chasser longtemps sans se terrer. Dans l'hiver, quand la faim les dévore, on les prend à l'appât, en entourant de piéges une carcasse de loup marin ; mais avant la chute des neiges, on les capture aisément, en tendant des engins dans leurs sentiers les plus fréquentés; on a soin de mettre, de chaque côté du piége, une branche qui les force à faire un petit saut, à l'endroit même où la patte doit rester accrochée.

Un des procédés par excellence, est l'affût au clair de la lune.

On grimpe dans un sapin, sur le bord de la mer, dans les endroits où l'on sait que des oies et des canards sauvages viennent se coucher. Ces oiseaux se posent d'abord au milieu des baies, et rallient le rivage pour se mettre dans l'herbe, à la chute du jour.

Les renards y arrivent pour les y surprendre ; et vous tirez aisément sur ces voleurs, sans chien et sans bruit. Comme on peut souvent en tuer plusieurs de suite, il est bon de laisser sur place le premier qu'on a abattu, et de ne point quitter l'embuscade.

On trouve, à Terre-Neuve, des nuances bien différentes parmi ces animaux: il y en a de blancs, de jaunes, de rouges, d'autres sont noirs, bleus, argentés et bigarrés. Les blancs, les jaunes et les rouges, sont les moins recherchés. Les bleus et les noirs, étaient autrefois d'un prix énorme; mais, depuis la contre-façon des peaux par la teinture, elles ont beaucoup diminué de valeur. Les nuances du renard argenté ne pouvant être bien rendues par ce procédé, cette fourrure, sur place, coûte de 60 à 75 francs.

FABLE.

Le Renard de France et le Renard de Terre-Neuve.

Un renard, aux aguets sur des trous de lapin,
Vit, en se détournant, flairer dans un jardin
Un superbe animal, d'une espèce inconnue,
Dont la rare beauté lui fascinait la vue.
En savant, il se livre aux méditations.....
Je n'ai jamais, dit-il, dans les nombreux cantons
Par moi bien explorés dès ma tendre jeunesse,
Remarqué nulle part bête de cette espèce :
Elle n'est ni blaireau, ni loup, ni chat, ni chien !
Pour savoir ce que c'est, comment ferais-je bien ?
Du sommet de ce bois dominant la rivière,
Je peux, sans me gêner, quitter la lapinière,
Et contenter par là ma curiosité.
J'ai bon nez, Dieu merci ! Sans peur d'être arrêté,
Je vais donc sur-le-champ tenter cette entreprise....
Abandonnant l'affût, il vient à la balise
Qui longe le chemin ; et, de là, peut bien voir
Tout ce qu'il désirait si vivement savoir.
C'était un fin matois, d'esprit philosophique ;
Ses discours étaient pleins d'une saine logique ;
Enfin, étant de trempe à penser mûrement,
Il prend de l'inconnu le vrai signalement :
Sa taille est dégagée ; aux oreilles pointues
Répond un museau fin, à mâchoires barbues ;
Il traîne énorme queue, aux poils longs et flottants ;

Ses yeux, comme les miens, sont fort étincelants :
C'est un renard aussi : je n'ai plus aucun doute ;
Je vais le saluer. — Il se met donc en route,
Approche, et, s'inclinant, dit : Sire, j'ai l'honneur
D'être, avec grand respect, votre humble serviteur.
L'étranger rend salut de façon fort polie,
Lui fait part du plaisir d'être en sa compagnie,
Et de pouvoir causer un moment avec lui.
— Vous voyez ce domaine ? Eh bien ! j'y meurs d'ennui ;
Ce n'est pas, sachez-le, pour manquer de ma vie,
Mais par le souvenir de ma chère patrie :
Mon maître, voyageant, l'an dernier m'apporta,
Sur votre sol français, des rochers de Haha (1).
— Aussi, je voyais bien, d'après votre toilette,
Que vous êtes, beau sire, un renard d'étiquette ;
Nos confrères ici ne sont point argentés ;
Je vous fais compliment de semblables beautés.
— De nos pays glacés pour braver la froidure,
Ainsi nous habilla l'auteur de la nature ;
Mais je n'étais pas né pour vivre en vos climats,
Où je tire la langue au bout de quelques pas :
Car, voyez, aujourd'hui que la terre est gelée,
Il sort de tout mon corps une chaude fumée !
D'une extrême chaleur je porte le fardeau ;
Tandis que vous tremblez menu dans votre peau,
Pour moi, pareil séjour est une rude épreuve !
Que je voudrais revoir les bois de Terre-Neuve !...
— Ce sont souhaits en l'air, confrère américain ;
Jamais ne reverrez votre pays lointain ;
Mais je suis enchanté de votre connaissance.
— De votre bon accueil garderai souvenance.

(1) Vaste baie de la côte de Terre-Neuve, près le golfe Saint-Laurent.

— Chez ceux de notre race habitant ces quartiers,
Partout il est écrit : honneur aux étrangers !
Cette maxime-là parmi nous n'est pas neuve ;
Et je vais à l'instant vous en fournir la preuve,
Si de m'accompagner vous me faites l'honneur
Au souterrain séjour, asile du bon cœur.
— Je voudrais le pouvoir ; mais je crois qu'il est l'heure
De regagner bientôt ma bourgeoise demeure.
— Vous seriez le dernier des cancres de céans,
Si vous n'aviez parfois au moins quelques instants
A passer librement dans de beaux jours de chasse.
Prenez-vous à loisir lapin, perdrix, bécasse ?
— Non : la souris, le rat, la taupe et le mulot
Sont les seuls gens à qui je puisse dire un mot.
— C'est bon, si plus n'avez ; c'est la petite guerre ;
Mais nous la faisons mieux, vous le verrez, confrère :
Pour vous rendre certain de mon affection,
Avec vous en ce jour je contracte union ;
Nous vous nommons le chef de cette résidence,
Où ma famille et moi vivons dans l'opulence.

Devers la renardière un signal paternel
N'est pas plus tôt donné, qu'un salut solennel
Se fait de toutes parts au nouveau camarade,
A qui petits matois présentent l'accolade,
Restant tout ébahis, à l'aspect du cristal
Qui brille à chaque brin du poil de l'animal.
— Vous ne vous lassez pas d'admirer sa tunique ;
Ce beau sire est venu du nord de l'Amérique,
Mes enfants ; et j'entends, s'il avait des besoins,
Que vous soyez pour lui toujours aux petits soins.
— C'est juste : s'écria la race pateline ;

Il aura les meilleurs morceaux de la cuisine.
Chacun lui saute au cou, le couvre de baisers.
— Vous me l'aviez bien dit : honneur aux étrangers !
Quelle bonté de cœur ! quelle galanterie !
Je retrouve avec vous le bonheur de la vie.
— N'est-ce pas mon grand fils qui vient sur ces coteaux ?
Regardez, mes enfants... Oui ; c'est lui, c'est Finaud,
Tout chargé de gibier ; je l'avais bien prédit :
Il arrive à propos : car j'ai grand appétit.
Finaud met ses lapins au bord de la tanière,
Et va pour raconter son voyage à son père ;
Mais, au premier regard, il suspend son discours
Pour faire à l'étranger des compliments de cour,
Débités selon l'art, le bon ton et l'usage :
Talent qu'il possédait depuis son plus jeune âge.
Leur hôte, à cet accueil répondit tout joyeux,
Terminant par ces mots : Où peut-on être mieux ?
— Nous allons, dit le père, entamer cette fête,
Avant de courir sus à nouvelle conquête ;
De vous avoir ici puisque nous vient l'honneur,
Veuillez bien vous asseoir près de moi, monseigneur.

L'étranger, contemplant la copieuse pitance,
Ne fut pas des derniers à se mettre en séance.
Le maître du logis coupe en deux un lapin,
En met une moitié sous le nez du voisin ;
Chacun en prend autant. En un clin d'œil, à table,
Nos hôtes eurent fait un repas confortable.
On se lève, en vantant la qualité des mets,
Complimentant Finaud sur ses brillants succès.
La troupe bien repue annonce une partie
A notre Américain, qui, par galanterie,

Ne pouvait dire non. On va vers des taillis,
Où lièvres et lapins se trouvaient endormis :
Finaud range ses gens en ordre de bataille;
Tous sont bien disposés à faire victuaille.
L'Américain s'embusque au fond d'un chemin creux.
Finaud court les lapins, en fait traverser deux,
Qui, par deux coups de dent sont privés de la vie ;
Les autres amateurs font aussi leur partie ;
Si bien qu'en peu d'instants, on compte douze morts !
La troupe se rallie : à la gueule des forts
Pendent lapins, levrauts, qu'on porte à la tanière,
Où l'on fit, cette fois, une si bonne chère,
Que notre aventurier, désormais, ne pensa
Pas plus à son bourgeois qu'aux rochers de Haha.
— Mais dit l'un des vauriens, si l'on changeait de vie?
Lapin, toujours lapin dégoûte et vous ennuie ;
Il nous faut sous la dent des mets plus succulents ;
Nous irons en chercher qui vous flattent les sens,
A la barbe des chiens de votre vilain maître ;
Nous le pouvons ici regarder comme un traître ;
Il devait en offrir.... à vous, venu de loin.
Nous saurons le punir, laissez-nous en le soin.
— Compagnons, mes amis, bien je vous remercie ;
Mais ne m'oubliez pas : je suis de la partie.
Ainsi fit-on : la nuit, quand tout fut en repos,
Notre Terre-Neuvien entre dans les enclos,
Fait parmi les canards un horrible carnage ;
Arrachant et dindons et chapons de leur cage,
Leur coupe net le cou, puis les traîne aux amis,
Qui vont incontinent les cacher au taillis.
— Je n'ai pas encor tout ; mais à demain le reste ;
Pas un n'échappera, nul n'étant assez leste.

Au lever du soleil, la basse-cour, en deuil,
En petit comité vient assiéger le seuil.
On s'étonne, on regarde, et l'on voit, par le nombre,
Combien de bons oiseaux ont été mis à l'ombre.
Quel est notre voleur ? Nous le saurons ce soir.

Sans en dire un seul mot, on s'embusque au manoir.
La nuit tombe, et renards, à la gueule affamée,
De revenir encor chercher la picorée.
Tout en louant l'esprit du brave maraudeur,
Ils se disent entre eux : c'est un écornifleur !
Nous pouvons lui laisser prendre le pas d'avance ;
Il paîra de sa peau sa sotte outrecuidance
On l'ajuste, et sur lui quatre coups sont tirés.
Atteint du plomb vengeur, il culbute, il expire ;
Et l'on fit un manchon de la peau du beau sire.

Qu'on soit de Terre-Neuve ou d'un autre pays,
On est souvent trompé par gens qu'on nomme amis ;
Tenant donc à l'honneur, plus encor qu'à la vie,
Ne fréquentons jamais mauvaise compagnie.

CHAPITRE IX.

Suite des chasses. — Du lièvre et de sa chasse. — Du tétra-lagopède et de sa chasse. — Voyages et chasse du courlieu. — L'oie du Canada. — Manières de la chasser. — Mêmes détails sur le canard. — Conseils aux chasseurs.

Le lièvre de Terre-Neuve a, par ses formes, beaucoup de ressemblance avec celui de France, il a aussi les mêmes habitudes ; mais il en diffère par sa taille, qui est beaucoup plus forte, et par les nuances et la longueur de son poil. Dans le printemps, il est de couleur cendrée ; en hiver, il est blanc comme la neige. Cette métamorphose lui est d'un grand secours, pour échapper à la dent des renards, et aux serres des buses et des aigles, communs dans ces régions. Il serait difficile, pour ne pas dire impossible, de chasser cet animal à Terre-Neuve, comme on le chasse en France. Un lièvre est lancé par les chiens, du centre d'une forêt de sapins ; il s'enfuit toujours sous le vent, afin de bien entendre la voix de son ennemi. Lorsque la brise est forte, vous ne savez plus où est la chasse, et, quand vous le sauriez, il vous faudrait quelquefois une journée pour vous y rendre ; et encore vous ne seriez pas plus avancé:

car, si l'on a le malheur de s'aventurer dans un fourré, il faut, pour en ressortir, un temps infini. Cette chasse, comme cn ne peut guère compter sur les retours, ne se fait avec beaucoup de succès que sur les îles peu boisées et de moyenne étendue. Le lièvre s'y rend, sur les glaces, dans la saison d'hiver, et ne peut s'en retirer, quand ces dernières abandonnent le rivage ; le chasseur est alors sûr, quand il est secondé par un bon chien, de tuer jusqu'au dernier, la fuite étant impossible.

Sur la Grand'Terre, on profite, pour cette chasse, d'une belle journée : le lièvre, en ce moment, n'est plus au fourré, mais à se chauffer au soleil, dans les plaines, et parmi les petites broussailles, éparses sur les rochers et sur les montagnes. En suivant doucement un chien docile, vous êtes conduit au gîte, dans lequel vous tuez l'animal, ou bien vous le tirez à la course.

Ce quadrupède n'est pas farouche; il m'est arrivé d'en voir se lever sous mes pieds, et s'arrêter aussitôt pour faire toilette en me regardant. La mortelle culbute était la suite de leur sécurité.

On peut, dans ce pays-là comme dans le nôtre, le tuer, matin et soir, à l'affût, quand on sait les lieux où il vient chercher sa vie.

La chair en est excellente, et du même goût que celle de nos mangeurs de serpolet dans les landes incultes.

Quand il y a apparence d'une belle journée, le tétra-lagopède, la perdrix de Terre-Neuve, *cacabe*, le matin, dès l'aurore, sur le haut des montagnes et dans les plaines, où elle va faire son premier repas; on la trouve surtout dans les endroits bien pourvus de fruits champêtres, tels que ceux du vaciet, du framboisier, du groseillier et d'un petit arbrisseau, dont le fruit est nommé vulgairement par les Français *plate-bière* et par les Anglais *baken-apples*, c'est-à-dire *pommes cuites au four*; et rien, en effet, ne s'en rapproche davantage par le goût.

Notre bel et bon oiseau se retire ensuite dans les petits bosquets voisins, et de préférence dans ceux où il y a des bouleaux : car il est extrêmement friand des jeunes feuilles de ce végétal. Quand le temps est beau, il se remet en voyage sur les neuf ou dix heures, et ne rentre à l'ombre qu'à l'heure de midi : à trois heures environ, il abandonne encore le fourré, et n'y revient plus de la journée, à moins qu'il n'y soit contraint par la force du vent ou de la pluie, ou par la poursuite de quelque ennemi.

Qu'il soit n'importe où, un bon chien vous le fait bientôt découvrir; si l'on n'a pas de chien d'arrêt, on tient à bout de chaîne un chien courant, et l'anneau de cette chaîne est passé dans une lanière de cuir, que vous bouclez en ceinture pour avoir la liberté de tous vos mouvements. Vous vous promenez dans les lieux abrités du vent; votre chien vous conduit sur le gibier, que vous voyez bientôt courir sous son nez. S'il aboie ou se débat pour s'élancer dessus, vous lui assénez deux ou trois coups de fouet en lui criant : *tout beau!* Le tétra ne se sauve pas pour cela : il n'en dresse que plus la tête ; vous chassez donc devant vous la compagnie, afin de la réunir et d'en tuer le plus possible du premier coup de fusil ; il m'est arrivé d'en tuer treize du premier coup, trois du deuxième ; de recharger mon fusil, et, sans quitter ma place, de faire subir le même sort aux trois qui restaient. C'est ainsi qu'il faut faire, et ne ramasser que lorsqu'on ne voit plus rien ; mais, en ayant soin de commencer le feu sur le coq et la poule, qui, comme chefs de file, pourraient entraîner dans des fourrés impénétrables leur intéressante famille, qui ne reviendrait pas de sitôt.

On peut, avec un chien ferme, ou de toute autre race, retenu comme je viens de l'expliquer, prendre au filet ces magnifiques oiseaux, qu'on voit se nicher sous de petites broussailles ; on les nourrit dans des cages surmontées de toiles, pour qu'ils ne se cassent pas la tête, et la meilleure nourriture qu'on puisse leur donner, est le sarrasin, à défaut des petits fruits du pays.

La perdrix de Terre-Neuve est délicieuse dans la saison de ces fruits, dont cet oiseau fait là sa nourriture ordinaire, ainsi que de petites pommes sauvages, de groseilles et de framboises.

Le tétra-lagopède est regardé, par quelques naturalistes, comme susceptible d'empoisonner, dans certaines saisons de l'année.

J'en ai beaucoup mangé, depuis le mois de juin jusqu'au mois d'octobre : ni moi, ni mes amis n'en avons ressenti la moindre indisposition. Dans l'hiver, les colons en font leurs délices, et ne retirent de l'usage de sa chair que le plaisir de s'en nourrir et une bonne santé. Alors, dans quel pays et à quelle époque le tétra est-il poison ? Quelle en est la cause ? Sans me faire taxer de trop de curiosité, je voudrais avoir, sur ce fait, des données bien précises, et non des fables en l'air. Ce qu'il y a de très-positif, c'est qu'à l'époque de l'arrivée des navires français à la côte de Terre-Neuve, cette espèce de perdrix n'est pas, à beaucoup près, aussi bonne que dans le temps des fruits. Elle n'a pour toute subsistance que quelques graminées, et des bourgeons de sapin, de spruce et de bouleau ; la chair, à cette époque, a un goût très-léger de térébenthine ; mais qui n'est ni désagréable ni malfaisant.

Comme le lièvre du même pays, elle s'acclimate parfaitement en France : tous les deux s'y métamorphosent, comme dans leur pays natal, en devenant, dans l'hiver, blancs comme la neige.

Le courlieu, qui fait son apparition à Terre-Neuve du 10 au 20 août, et dont le départ s'effectue vers la fin de septembre, est, dit-on, originaire des Cordilières.

Quelques jours avant son arrivée, on entend, dès l'aurore, de petits cris qui semblent articuler *ti ti ti*: ce sont les courlieux siffleurs, qui parcourent les havres et les montagnes pour annoncer le retour prochain de leurs camarades; et, peu de jours après ces avant-courriers, on en voit d'innombrables quantités voltiger en tous sens, surtout vers les endroits où se trouve à satiété le vaciet (1), dont ils font leur nourriture spéciale. Cette plante croît sur les montagnes privées d'ombrage (2); elle a beaucoup de ressemblance avec la mousse, et produit un petit fruit noir et rond, de la grosseur d'un petit pois.

Quand les courlieux ont pris leur repas, ils ne marchent qu'en trébuchant, se bouleversant les uns sur les autres, et piaillant sans cesse, comme des gens d'un naturel bavard : cela tient à leur état d'ivresse: le vaciet contient beaucoup de principes alcooliques, qui maintiennent ces oiseaux ivres, surtout dans les premiers jours de leur arrivée, à cause du peu d'habitude qu'ils ont d'en manger.

Ses réfections une fois prises dans les plaines, ou sur le sommet des montagnes, le courlieu, pour faciliter ses digestions, se rend au bord de la mer et y

(1) Il faut croire que ce végétal vit aussi bien sous le beau ciel de l'Italie, que dans les climats glacés de Terre-Neuve, car il n'était pas inconnu au poète latin, quand il a dit:

Vaccinia nigra leguntur. (VIRG.)

(2) Ces montagnes se nomment à Terre-Neuve, *montagnes pelées*.

avale de petits graviers blancs, qui le remettent immédiatement en bon appétit.

Le courlieu, après s'être repu pendant quelques jours de ce vaciet, appelé vulgairement *graine de courlieu*, devient tellement gras, qu'il a peine à voler, et qu'il se divise s'il tombe sur une pierre, après avoir été frappé d'un coup de fusil, et quand il fait chaud, la graisse suinte à travers la carnassière.

Si l'on parcourt les montagnes, on en tue beaucoup en imitant leur cri ; ils s'abattent à peu de distance quand vous les avez bien sifflés, et comme ils ne sont guères sauvages, on les approche de manière à bien les tirer. Celui qui ne veut pas se donner la peine d'aller courir au loin, fait souvent de meilleures conquêtes, en s'embusquant dans l'endroit où ils tombent au plein de la mer. Il en revient chargé, après de courtes pauses.

Au moment où l'on désarme les seines, on étend au sec ces vastes filets, sur les lieux où il y a beaucoup de vaciet, et, à l'aide de morceaux de bois, on les élève du sol à 50 centimètres de hauteur, pour que l'oiseau puisse librement passer dessous, et il *s'emmaille*, comme la caille sous la tirasse.

Le courlieu est un des bons mangers que la nature puisse offrir dans la famille des bipèdes : aussi la chasse en est-elle attrayante pour les navigateurs à la côte de Terre-Neuve.

Les contrées les plus fertiles en gibier de cette

espèce sont : Belle-Ile près Groix, les Ilettes, les Oies, Fichot, le havre du Croc, les Bréhats, le cap Blanc, la baie du Nord, et le vaste et magnifique havre du Quirpon ou Carpunt.

L'oie du Canada, appelée improprement *outarde*, est un oiseau de couleur grisâtre, à tête noire, au cou long et arqué : il tient le milieu entre le cygne et l'oie de notre pays de France. La pesanteur ordinaire de ce palmipède est de 7 à 8 kilogr., quand il a atteint son complet accroissement, et il en vient considérablement à Terre-Neuve, pour y nicher au printemps, et s'en retourner avec leur famille à l'approche de l'hiver.

Dans la saison des fruits, les oies se trouvent en plaine par bandes considérables : c'est le moment où leur chair est plus succulente. Pour bien faire cette chasse, il est bon d'être plusieurs ; on devine à peu près la direction qu'elles doivent prendre, une fois levées des endroits où elles sont à paître.

Des chasseurs se portent dans les ravins entre les collines, et s'y cachent bien ; d'autres font leur possible pour approcher les oies, en les dirigeant sur les lieux gardés ; et l'on réussit infailliblement à en tuer quelques-unes d'une manière ou d'une autre. Il arrive quelquefois, en plaine et sur les étangs, d'en voir qui sont à peine croisées ; la chasse alors en est assurée ; dans quelques minutes, on les a toutes à sa disposition.

Après avoir parcouru pendant tout le jour les plaines et les étangs dans l'intérieur des forêts, l'oie du Canada est instinctivement portée à venir se réfugier au fond des baies, où de petits champs de verdure sont sillonnés par des ruisseaux d'eau douce et limpide, tombant des montagnes et se perdant à la mer : c'est sans doute pour se soustraire à la dent du renard et aux serres de l'aigle.

A la chute du jour, les oies, par leurs cris sonores et accentués, semblables à ceux du cygne, vous avertissent de leur arrivée, et vous les tirez au vol avec de très-gros plomb et des postes.

Elles vont, après avoir fait plusieurs circuits, se poser au milieu de la baie : cachez-vous dans les broussailles; attendez-les à l'endroit où vous avez vu l'herbe foulée, et couverte de leurs fientes; elles rallient le rivage dès qu'il fait nuit, et une fois qu'elles sont à terre, vous profitez, pour tirer, du moment où vous les voyez s'amonceler, afin d'en tuer le plus possible. Si, l'arrivée en étant trop tardive, vous vous trouvez dans l'impossibilité de voir la mire de votre arme, parez à cet inconvénient, en adaptant au canon un morceau de linge ou de papier blanc, et vous serez aussi sûr de votre coup qu'en plein jour.

Beaucoup de chasseurs ne sont pas curieux de passer une partie de la nuit au fond des baies : ce n'est pas une raison pour qu'ils n'y prennent pas cet excellent gibier. Qu'ils se munissent de quelques poignées de fruits sauvages, et surout de vaciet. Ils peuvent tendre des collets, des piéges et des lacs à détente (vulgairement appelés *sauterolles*), et, au moyen de leur appât, attirer les oiseaux dans les engins.

Les pieux pour retenir les engins doivent être solidement fixés: car l'oiseau est très-fort; il faut donc, par précaution, saisir le pieu avec une bonne ficelle en rapport avec une lourde pierre: autrement on courrait risque de dépenser inutilement son temps et sa peine.

Une précaution bien importante encore, c'est de visiter souvent les réseaux tendus, pour empêcher le gibier d'être dévoré par les animaux carnassiers.

La chair de l'oie du Canada est excellente à toutes sauces: heureux donc celui qui peut s'en procurer!

Arrivons à la chasse aux canards.

Du sommet des montagnes, vous découvrez une quantité d'étangs; et quoique vous n'y voyiez pas de gibier, vous ne devez pas moins vous en approcher, en choisissant ceux qui sont environnés de grandes herbes, et situés au milieu des plaines.

Les canards et autres oiseaux aquatiques, après s'être promenés sur l'eau, vont dormir dans ces ma récages; et, en les parcourant à peu de distance des bords de l'eau, vous faites débusquer le gibier et le tuez aisément, surtout dans le mois d'août, alors que ces oiseaux n'ont pas encore l'aile assez forte pour entreprendre un long vol. Votre chien les poursuivant à la nage, vous vous cachez, et il ne manque pas de vous les ramener à portée.

Au besoin, on peut les prendre au collet, et aux hameçons amorcés avec des vers de terre, ou de petits poissons ; mais le fusil, pour celui qui a l'adresse de s'en servir, est le procédé le plus expéditif.

Ces oiseaux ressemblent beaucoup à ceux de France, et la chair est du même goût.

Les sarcelles et les *vignons* se trouvent aussi dans les mêmes parages; et on les y prend de la même manière.

Ces plaines marécageuses recèlent souvent beaucoup de bécassines, absolument de la même espèce que celles de France; mais elles sont bien moins sauvages: ce qui donne au chasseur la faculté de s'en emparer très-promptement. Je n'ai jamais vu à Terre-Neuve de grosses bécasses; et des amateurs, qui, comme moi, ont fait, dans l'intérieur des forêts, de très-longues excursions, n'ont jamais eu connaissance de ces oiseaux.

La chasse, quelle qu'elle soit, n'est un plaisir qu'autant qu'on peut s'y livrer sans crainte et sans danger. Bien qu'elle ait ici un attrait tout particulier, à cause de l'abondance du gibier et de la facilité de s'en emparer, pourvu que l'on ait un peu d'habitude et d'adresse, cependant elle perdrait beaucoup de son charme, si le chasseur était poursuivi de quelque inquiétude. Pour obvier à ce désagrément, mettons la prudence avant tout. Je me permettrai donc deux avis, pour terminer cet article.

Quand on chasse à Terre-Neuve, il n'est jamais prudent d'aller seul : à peine avez-vous perdu de vue le rivage que vous vous trouvez au milieu de la plus profonde solitude. Blessé, que deviendriez-vous ? vous seriez condamné à mourir de faim, et à devenir la pâture des bêtes sauvages, si les recherches que l'on ferait de vous, restaient infructueuses.

Encore un bon avis :

Arrivé dans le havre où vous devez passer l'été, montez, au moment de vos excursions, au sommet des montagnes environnantes. Plantez une gaule, que vous rendez inébranlable par un amas de grosses pierres; de là jetez un coup d'œil sur les sites qui vous paraissent les plus avantageux pour le gibier ; établissez un semblable signal sur tous les points les plus élevés de ces lieux déserts : si bien qu'après avoir parcouru de très-longues distances, vous regagnez, comme à vol d'oiseau, votre château à la Robinson, où vous déposez gaiement le fruit de vos courses.

CHAPITRE X ET DERNIER.

Des pêches diverses. — Pêche de la petite morue. — Le poisson-crapaud. — De la limande et de sa pêche. — Abondance des crustacés ; moyens de les capturer. — Le poisson-chat. — De la truite et de sa pêche. — Du saumon et de sa pêche. — Un homme distingué parmi les peaux-rouges de Terre-Neuve. — Art culinaire des indigènes. — Répugnance à hiverner à Terre-Neuve. — Salut à ces contrées. — Traversée pour le retour en France. — Pêche du marsouin. — Du thon et de sa pêche. — Arrivée en France.

J'ose me flatter d'avoir intéressé, dans les trois chapitres précédents, quiconque se plaît à courir le pays, le fusil à la main et la carnassière au dos. Cette dernière, au moins, ne reste pas vide à Terre-Neuve, comme il arrive souvent, dans quelques parties de la France, à plus d'un citadin, qui rentre, le soir, penaud et harassé, réduit à se pourvoir chez le marchand du coin, s'il craint d'être accueilli d'une manière peu flatteuse par sa tendre moitié.

Si, du reste, la chasse est pleine d'agréments et fort profitable dans ces contrées de l'Amérique du Nord, la pêche ne présente pas moins d'avantage. Disons donc un mot de la pêche, et d'abord de celle de la petite morue.

Comme pêche d'agrément, nous ne devons pas,

en effet, dédaigner celle de ces bons poissons. C'est un plaisir, vers la fin de la grande pêche, de les voir arriver par milliers, aux heures du flux de la mer, sous les lavoirs et le chaufaud, en dessous desquels passe la marée; et où, l'année suivante, ils pourront fort bien être salés à leur tour: car ils acquièrent promptement le degré d'accroissement suffisant pour être livrés au commerce. S'il vous prend fantaisie de ne pas leur donner le temps de croître, votre ligne n'est pas mise à la mer, que cette troupe affamée met le nez à la surface de l'eau, dévore des yeux l'appât présenté, et la première venue l'a bientôt gobé. Le foie et les yeux d'une de ces gourmandes, sont une amorce infaillible pour faire tomber dans le piége toutes ses camarades, que vous happez à volonté. La chair de ces petites morues est délicieuse à l'état frais; on en fait encore sécher pour les rapporter en Europe.

Parmi ces gentils poissons, on en voit aussi de très-laids; un entre autres dont la tête a certaine ressemblance avec celle des crapauds: ce qui a valu à ces hôtes d'Amphitrite le nom de *poissons-crapauds*: ils sont d'une voracité sans pareille, malgré leur petite taille, qui n'excède pas de beaucoup celle du rouget de nos côtes. La gueule, l'œsophage et l'estomac ont une puissance de dilatation telle, qu'elle donne à ces poissons la faculté d'avaler presque aussi gros qu'eux-mêmes.

Depuis la base de la nuque, jusqu'à la racine de la queue terminée en pointe, la peau très-lisse de ce poisson est chargée de nuances vertes, jaunes, rouges et violettes, comme celle des salamandres que nous trouvons communément le soir, après les pluies d'orages, dans les endroits fangeux, et dans le voisinage des vieilles murailles. Ce rapprochement de formes et d'aspect avec des reptiles, et surtout avec le plus dégoûtant, inspire à certaines gens une répugnance insurmontable à faire usage de la chair de ces vilains animaux : d'autres, loin d'en avoir mal au cœur, en font leurs délices, prétendant qu'ils sont d'un goût exquis. Sans se donner la peine de les pêcher à la ligne, on les embroche avec des hameçons dressés, et fixés de chaque côté de l'extrémité d'une gaule. On procède ainsi à leur destruction, au moment où ils se tiennent sans mouvement, le ventre à plat sur le sable : cette attitude est la plus ordinaire, leur organisation s'opposant à ce qu'ils se livrent aux lestes évolutions des poissons d'espèce différente.

Peu agiles dans leurs mouvements de natation, ils ont recours à l'affût, procédé à l'aide duquel ils gagnent admirablement leur vie. Je m'amusais, de temps en temps, à les voir avaler de petites morues, que je laissais se débattre au bout de ma ligne, afin de retirer de l'eau, tout à la fois, le vainqueur et le vaincu. Je les voyais aussi avec plaisir faire preuve d'un grand instinct, en se cachant sous des varechs, le nez sur un appât auquel ils se gardaient bien de toucher; toutes les petites morues arrivant dans le but de s'en régaler, entraient sans délai dans l'espèce d'entonnoir qui sert de gueule au rusé crapaud. Ce spectacle me rappelait les fourberies de compère renard, auquel on sert de la soupe, et qui, pour se procurer quelques douceurs, au sein de sa captivité, éparpille le reste de son repas à petite longueur de chaîne, en face de sa loge, et se clapit ensuite sous de la paille, de manière à ce que toute la crédule volaille puisse avoir la conviction de son absence, ou de sa mort. Mais vient le fatal moment, où le prétendu trépassé perce d'un seul saut sa couverture, et tombe sur les pauvres poules, qu'il croque pour son dessert.

Parmi les habitants de l'onde, au sujet desquels, ami lecteur, je dois vous dire deux mots, on voit briller, sur un beau lit de sable fin, la limande aux yeux étincelants, et dont la peau, tachetée comme celle de la plie, offre des couleurs admirablement variées, qu'enrichissent encore d'un nouvel éclat les rayons d'un beau soleil. Son excellente qualité la fait rechercher par les gourmets. Une heure avant les repas, on en prend dans certains havres tels que *les Griguets*, *la baie du Nord*, *le Quirpon*, etc., autant qu'on en désire, et M. le maître d'hôtel vous en sert à toutes sauces.

La pêche s'en fait comme celle du crapaud.

Ces sortes de plies sont bien meilleures au commencement de la grande pêche qu'à la fin, parce qu'à cette dernière époque des résidus putréfiés leur servent de nourriture.

Les crabes, les homards, les moules et autres coquillages, qui habitent dans le voisinage des chaufauds, perdent aussi, sous ce rapport, de leur qualité première. Il faut, si l'on veut en manger de bons, aller les pêcher dans les baies où l'on ne tranche pas de morue. On se sert à cet effet d'un petit filet, nommé *salebarde ;* et dont la forme est celle d'un bonnet, ou bien du fameux outil aux crapauds : mieux vaut pourtant se servir du premier moyen, si l'on veut les conserver : car ils meurent et se décomposent bien vite, quand on leur a percé la carapace. Un autre instrument, vulgairement connu sous le nom de *gaffe*, convient aussi beaucoup pour cette pêche. Il consiste dans un très-fort crochet, ou hameçon, solidement fixé au bout d'un morceau de bois : au moment du reflux, allez parmi les rochers chargés de varechs. Si vous apercevez un trou, à l'orifice duquel surgit un monticule de sable, en forme de taupinière, sondez-le avec votre croc, et vous en retirerez au moins un homard, à moins que l'habitant n'en ait été débusqué par un très-malin poisson, que l'on appelle *chat*.

Quand on vient à mettre quelque chose en contact avec ce dernier, il se jette sur cet objet, fer ou bois, et le mord comme ferait un chien enragé, se contournant de la tête et de la queue, et poussant des cris rauques, peut-être dans le désespoir qu'il éprouve d'être au dernier moment de sa vie. Aussi ces méchantes bêtes, n'étant bonnes à rien qu'à faire du mal, sont-elles impitoyablement mises en pièces.

Monté dans une embarcation tirant peu d'eau, faites la recherche des crustacés parmi les varechs, les cailloux épars, enfin dans tous les lieux où les plantes marines offrent du refuge et de l'ombrage : sur les bords de ces espèces de fourrés sous-marins, s'étendent des places nues et sabloneuses, qui doivent spécialement fixer votre attention, si vous voulez faire d'énormes captures de bons et magnifiques homards, dans ces lieux qu'ils affectionnent pour résidence. Les baies *du Sacre*, du Pistolet, et les autres qui se trouvent en rapport avec le golfe de St-Laurent, en sont remplies ; il est aisé d'en charger un canot dans quelques instants, quand on fait bien attention à ces taupinières sablonneuses où s'établissent ces messieurs, et que l'on découvre aisément en temps calme, même dans des endroits d'où la profondeur empêcherait de les tirer (1).

(1) A Terre-Neuve, les flux et les reflux ne sont presque pas sensibles, sauf quelques cas exceptionnels : c'est sans doute à ce peu de bouleversement que l'on doit attribuer la pure limpidité des ondes dans ces parages : au lever de l'aurore, par un temps calme et serein, il n'est pas rare de distinguer très-clairement, sur les sables, à une profondeur d'eau de sept à huit brasses, les objets qui s'y trouvent.

Voici le but, du reste, de la construction de ces petites éminences : cet animal veut se reposer à l'aise : pour cela, il fait un trou plus ou moins profond : travail qu'il ne peut opérer sans amonceler du sable, il s'accule dans cette cavité, qui lui sert de lit, de la même manière qu'un lièvre dans son gîte, le nez appuyé sur ses grosses pinces, et ces dernières en rapport avec les matériaux qui constituent la butte. Si l'on veut le pêcher à la salebarde, d'une main on place celle-ci derrière la queue, et de l'autre on le pousse dedans au moyen d'un bâton qu'on lui passe et rapasse sur les barbes : ce chatouillement est immanquable pour provoquer l'allure à reculons. Mais si l'on désire le manger séance tenante, alors, pour aller plus vite en besogne, on lui perce la carapace, toujours avec l'engin destructeur.

La pêche des crabes se fait de cette manière, et avec des filets en forme de souricière qu'on nomme, en terme de pêche : casiers.

Tout excellents qu'ils sont, laissons les crustacés dans leurs sablonneuses retraites et revenons à nos bons poissons.

Les truites de Terre-Neuve, comme celles du Canada, du Labrador, et des autres contrées de l'Amérique septentrionale, sont de grosseurs variées : il y en a d'énormes. Elles ont, sauf les nuances, les formes de celles de France ; mais elles sont toutes saumonées, et du goût le plus exquis. On les pêche dans les ruisseaux ou *brihats* (1) soit au filet, soit à la ligne. Cette dernière pêche est la plus récréative. Celui qui sait pêcher, doit se munir d'une gaule avec un tourniquet, sur lequel est roulée une bonne ligne sans nœuds, et de douze à quinze brasses, afin de noyer les gros poissons qui s'y sont accrochés dans des endroits où il y a peu de banques et de racines; et c'est surtout aux chutes d'eau, sur le bord de la mer, que l'on rencontre les plus beaux morceaux. Le meilleur tissu pour la ligne est celui que l'on appelle en France: *herbe grecque* ou *inconnue*. Au bout de cette ligne on fixe solidement une brasse de boyau de ver-à-soie ou poil de Messine, que l'on a préalablement cordé: pour ce faire, on laisse tremper pendant une heure, dans un peu d'eau, ces petites cordes à boyau; après quoi, on les retire de l'eau, pour les corder deux par deux, comme on ferait du chanvre, ayant soin de les mettre de temps en temps dans la cendre: ce qui vous donne la faculté de rouler à volonté vos cordonnets, devenus, par ce moyen, moins glissants sous les doigts.

Cette première opération terminée, on les ajoute

(1) Tel est le nom que l'on donne vulgairement aux ruisseaux de Terre-Neuve: cette expression ne serait-elle point une corruption, par le patois normand, de *bruits hauts*? En effet, il y a tel de ces ruisseaux qui, roulant de cascade en cascade, fait un bruit que l'on entend à 12 kilomètres de distance: je puis citer entre autres celui qui arrive au fond de la baie des Cheminées.

bout à bout avec un nœud double. A l'extrémité, on ajuste une mouche rouge à corps jaune et doré.

Quoique toutes les couleurs frappent les yeux du poisson, il n'en est pas moins vrai que, sur trois mouches de nuances bien distinctes, celle que je viens de désigner, est toujours la première saisie, quand vous en avez mis trois sur le même boyau. Au reste, ce dernier moyen ne doit pas être employé, et voici pourquoi.

Dans les nappes d'eau où vous pêchez, toutes vos amorces peuvent être saisies à la fois par de grosses truites ou des saumons, qui tirent souvent à contre-sens les uns des autres, et s'échappent, chacun avec un morceau de votre ligne. C'est ce qui m'est arrivé à moi-même, et je n'y serai plus repris.

Le lendemain de notre attérage, en 1847, j'allai me promener au fond de la baie du sud-ouest des Griguets, et je fis ce voyage en bateau, avec deux de nos officiers, chargés de faire couper des bois de construction, par une vingtaine d'hommes qu'ils avaient sous leurs ordres.

Je vis, au fond de la baie, un ruisseau de peu de largeur, que l'on passait à sec en plusieurs endroits, et roulant assez rapidement sur un lit caillouteux. De place en place se trouvaient de petites fosses, d'un demi-mètre de profondeur tout au plus.

Je regardai bien attentivement, et, ne voyant rien, comme il faisait très-froid, j'allai faire une petite partie de chasse, pour me remettre le sang en circulation.

Après avoir tué quelques pièces de gibier, je vins rejoindre ces Messieurs, et, malgré la rigueur du temps, je me couvris d'une bonne casaque de peau, et mis en mouvement la ligne, aussi bien qu'une énorme quantité de truites. Ma mouche était à peine sur l'eau, qu'une truite était enferrée, et, dans un assez court espace d'eau et de temps, j'eus à ma disposition plus de trois cents truites, parmi lesquelles il s'en trouvait une du poids de trois kilogr.

Pour faire dans les étangs une pêche abondante, il faut avoir une petite nacelle ou un radeau, que l'on puisse diriger à sa guise; une fois au milieu, on le laisse dériver, et l'on pêche autant de truites qu'on en veut. Il n'y a dans ces pièces d'eau que des saumons, des truites, des anguilles et une espèce d'éperlan; ce dernier se prend au vers, et l'anguille à des lignes de fond, amorcées avec de petits poissons ou de la chair d'oiseau.

Le long des ruisseaux ou brihats, les sapins se trouvent, dans certains endroits, si près de l'eau, que le pêcheur, à l'aspect d'un lieu poissonneux, ne peut manœuvrer sa ligne sans l'accrocher. On a recours à une autre méthode. On remplace les mouches artificielles par un hameçon fixé à un double boyau; et à cet hameçon, on attache un œil de truite.

A l'aide de la manivelle, on donne à sa ligne la longueur que l'on veut : on la passe entre les branches, pour la laisser tomber à l'eau; et j'ai vu, maintes et maintes fois, l'appât saisi avant d'y être plongé, et la truite bien punie de sa gourmandise.

A Terre-Neuve, ces beaux et délicieux poissons ne tiennent pas compte d'avoir été manqués, et reviennent à la charge, quand leurs blessures n'ont pas été trop graves.

Il m'est arrivé, bien des fois, de voir une grosse truite que je laissais filer au bout de ma ligne, de peur de rompre celle-ci, s'embarrasser ensuite dans une souche, et se détacher de l'hameçon par une brusque secousse, d'où résultait déchirure de l'un des bords de la mâchoire accrochée: je reprenais mon poisson une heure après, sur une ligne de fond, tendue avec un peu de chair d'oiseau. J'en ai repris de la même manière maintes et maintes, qui me remettaient les mouches artificielles qu'elles m'avaient escamotées. Voilà, sans doute, de bonnes et riches captures; en voici qui valent mieux encore.

Pour pêcher le saumon à fleur d'eau, le meilleur appareil est le papillon jaspé, confectionné sur de très forts hameçons irlandais, avec des plumes de paon, de bécasse, de coq et de perdrix rouges.

A l'aide de vers et d'yeux de truites, on prend ce poisson à fond et entre deux eaux. A la Conche, au cap Rouge, au Croc et autres havres, on tend des rets, dans les mailles desquels plusieurs centaines de saumons se trouvent souvent retenus; la contrée la plus fertile en poissons de cette nature, est, sans contredit, le fond de la Baie-aux-Lièvres. La pêche en est faite par spéculation, comme celle de la morue, et cette place, nommée la *saumonerie*, devient, lors du tirage des havres (1), la propriété d'un seul armateur. On pratique des barrages avec des rets, disposés de manière à ce que les saumons passent la tête dedans, et y restent accrochés par les ouïes. Ils sont immédiatement noyés; mais il faut user de vigilance, si l'on veut profiter de la capture; car les anguilles viennent ouvrir le ventre des poissons ainsi retenus, et en mangent les entrailles, quand on n'a pas soin de visiter souvent les filets.

Les veaux marins sont extrêmement avides de saumons; quand on voit ces amphibies arriver du large, en bandes considérables et faisant des sauts, c'est une preuve qu'ils poursuivent ces poissons, qui ne manquent pas d'entrer en baie, et de venir se jeter dans les rets à l'embouchure de la rivière. Double profit alors: on tue à coups de fusil les amateurs qui viennent à portée; les autres, saisis de frayeur, retournent au large se livrer aux mêmes

(1) Tous les cinq ans, les armateurs qui pêchent à la côte de Terre-Neuve, se réunissent à St-Malo, et tirent au sort les havres de l'île.

manœuvres. Ainsi les veaux marins jouent un très-grand rôle pour la réussite des pêcheries à saumons, puisqu'ils amènent ceux-ci à la mort, comme un chien courant le fait à l'égard d'un lièvre, qu'il n'abandonne que quand son maître l'a mis dans sa carnassière.

Les sauvages de la baie du Pistolet ont des pêcheries à pieux droits et à barreaux serrés, avec plusieurs entrées, où sont placés des verveux en lattes de bouleau ; et ils peuvent bien dire à tous les poissons : entrez, mes amis, on ne paie qu'en sortant. Comme il n'y a pas de profondeur, ils les assomment du premier coup, avec un morceau de bois en forme de sabre, et en font des provisions d'hiver.

Il y a, dans cette baie du Pistolet, une assez grande quantité de saumons, pour qu'on en puisse prendre, à la main et à la ligne, un cent dans une journée.

L'indigène qui habite en ce moment (1847), avec sa femme et ses enfants, le fond de la baie, se nomme Joseph ; il est fort aimable et hospitalier, et rend tous les services possibles aux Français et aux Anglais, qui vont s'adresser à lui pour avoir du bois propre à la mâture, et à tous les travaux de la pêche, ainsi que pour tous autres besoins ; il parle l'anglais et le français, outre sa langue naturelle ; il est doué d'une grande intelligence, et, d'après les conversations que j'ai eu occasion d'avoir avec lui, il fera marcher vers une complète civilisation ceux de sa race qui le fréquenteront. D'après ses procédés, je le considère comme un bien honnête homme, avec lequel je demeurerais en toute sécurité, si sa cuisine était un peut mieux apprêtée; mais elle est, comme celle de tous ses compatriotes, faite pour lui; et pour nous, Français, c'est du *noli me tangere* (N'y touchez pas).

Je vais mettre l'amateur à même d'en juger.

Après un accueil amical, un sauvage civilisé vous servira très-cordialement quelques côtes de loup marin, jetées pendant une minute sur le couvercle d'un poële à demi rouge. A la suite de cette courte crépitation, s'opère, les jours de grande fête, la prompte ébullition d'un renard, haché dans l'huile de foie de morue ou de loup marin. A défaut de ces animaux, on peut vous offrir un saumon et des truites à la même sauce. Ces gens-là n'ont-ils pas le goût relevé ?

Certes, pour faire honneur à de tels mets, il faut avoir un appétit et des estomacs semblables à ceux de ces aimables amphytrions, qui rient aux éclats, en nous voyant montrer de la répugnance pour de si bonnes choses, qu'ils dévorent à toutes dents, et presque à l'état cru. Comme ils mangent peu de pain, tous vous disent que la viande cuite ne contient plus de principes nutritifs, et qu'ils mourraient de faiblesse, s'ils en faisaient usage. Aussi la viande crue fait leur nourriture spéciale, et le festin au grand complet, est celui après lequel ont peut humecter ces délicieux aliments de quelques verres d'huile de morue.

Disons, cependant, qu'ils préparent admirablement les infusions de thé sauvage, qu'ils édulcorent à la mélasse, et alcoolisent au rhum. Ils vous versent, à larges coupes, ce punch improvisé, et chargent vos pipes d'excellent tabac américain.

Plusieurs fois la proposition d'hiverner à Terre-Neuve m'a été très-cordialement faite ; je me suis vu sur le point de l'accepter ; mais de sages réflexions m'ont toujours détourné de ces idées passagères, et je finissais par saluer ainsi les amis :

« Aux flancs de vos coteaux, hérissés d'arbres verts,
« On n'en voit que la cime au milieu des hivers :
« Je ne veux point rester sous pareils tas de neige.
« Que la raquette (1) aux pieds, colons, vous y protége ?
« En septembre, chez vous je tremble loin du feu ;
« Jusqu'à l'été prochain je vous dis donc : adieu ;
« Si, d'ici ce moment, Dieu me conserve en vie,
« Et que de vous revoir il me reprenne envie.

Aussi, après un séjour de trois mois parmi ces

(1) Raquette, morceau de bois ployé, dont les deux extrémités, ramenées l'une sur l'autre, de manière à se toucher, donnent à cet appareil une forme à peu près ovale. Tout le vide est rempli par des courroies de peau de veau marin, enlacées sur tous sens, et au milieu desquelles est une botte destinée à recevoir le pied. On peut, étant chaussé de cette manière, aller partout, sans enfoncer dans la neige.

pauvres insulaires, nous pensâmes à revoir notre chère patrie : les préparatifs, pour notre retour, s'effectuèrent rapidement ; le 20 septembre 1847, on leva l'ancre, et nous sortîmes sous toutes voiles de la baie des Griguets.

Le retour de Terre-Neuve en France s'opère ordinairement bien vite. Aux approches du mois de septembre, le vent souffle presque constamment, dans ces contrées, de la partie de l'ouest et du nord-ouest : une bonne brise, bien soutenue dans cette aire-là, peut nous faire revoir notre belle patrie de France en douze ou quinze fois vingt-quatre heures. Il est rare, malgré les contrariétés qui peuvent survenir dans le voyage, d'avoir des traversées de plus de vingt-cinq jours. Dans cette saison, on n'est plus arrêté par la banquise, dont la présence à la côte peut, lors de l'attérage en juin, vous retenir à vue de terre la durée d'un carême.

Malgré la disparition de ces inabordables enfants des pôles (1), on en rencontre encore çà et là, au moment du retour, d'énormes débris, que n'ont pu fondre les feux de l'été. Jour et nuit, une exacte surveillance vous permet d'éviter aisément les dangers d'un abordage. En temps brumeux, l'approche de ces masses est signalée par le grand bruit des lames qui viennent s'y briser. En temps serein, on

(1) On a vu quelquefois de ces glaces à 450 milles marins de la côte Est de Terre-Neuve.

les reconnaît par l'aspect des objets et des vagues blanches d'écume, qui semblent se courroucer contre ces monts glacés, ainsi qu'elles le font contre les rochers d'un rivage. Ces glaces flottantes augmentent au centuple l'agitation des flots, quand la mer est soulevée par les vents. On doit user de la plus grande prudence pour éviter ces écueils mobiles : car un abordage de ce genre enlèverait à un équipage toute chance de salut ; mais, nous devons le dire, avec de la vigilance, on se soustrait aisément à ces dangers.

Laissons donc là ces idées sinistres, et passons à un ordre de choses plus gaies.

A ce propos, qui nous empêche, tout en voyageant, de nous livrer à quelques *méditations* gastronomiques ? Et ne vous scandalisez pas, ami lecteur, si nous faisons un retour aux douceurs de la table ; je vous assure que, pour ceux qui en sont privés, elles ont bien leur côté poétique, et qu'un peu de *chère lie*, comme dit le *Bonhomme*, est un agréable point de mire pour des hommes à bord. C'est la seule compagne qui puisse charmer leur ennui dans leur maison flottante. Réfléchissez donc que, sur l'étroit espace du pont d'un navire, on ne peut varier, comme à terre, les exercices de la récréation ; par suite de cette impossibilité, la table devient nécessairement le passe-temps le plus doux aux marins ; mais il manque toujours quelque chose aux plaisirs de l'homme : les provisions de bouche, malgré leur abondance, ne vous flattent bientôt plus les sens, si elles ne sont pas variées. Ce fait prouve la vérité du vieux proverbe :

Mouton, toujours mouton, dégoûte et vous ennuie.

Après avoir fait ample brèche à la barrique au lard, on se dit : c'est moi qui mangerais à belles dents un bon morceau de poisson frais ! Comme je vous le tortillerais ! Ce désir est quelquefois bien vif et d'ailleurs naturel ; mais, comment le satisfaire? Il n'y a pas d'étalages de marchands de poisson au milieu de l'Océan.

Si tel est votre goût, il vous faut en pêcher. C'est, en conséquence, cette besogne-là que je vais vous apprendre. Vous savez qu'avant d'être maître il faut être ouvrier, que c'est en forgeant qu'on devient forgeron, etc. Eh bien ! par analogie, c'est aussi en pêchant que l'on devient pêcheur.

Vous n'avez pas l'habitude des voyages sur mer, et par conséquent vous ne connaissez pas beaucoup les habitants du liquide élément. Vous vous tenez en extase devant des bandes de marsouins, et vous demandez à vos camarades comment on nomme ces gros poissons-là ? S'ils sont bons à manger ? Vous vous enquérez de la manière de les prendre. Vous allez bientôt être satisfait. A peine vos questions ont été posées, vous voyez tout de suite de lestes praticiens, habiles dans l'art de manier le harpon, s'élancer à califourchon sur la vergue de civadière, le fer de l'instrument estropé sur une drisse de bonnettes, et le lancer, jusqu'au manche, dans le corps de ces marsouins, qui avaient l'effronterie de sauter en faisant le tour du navire, conme pour narguer l'équipage. Punis alors de leur témérité, il leur faut monter sur le pont, soutenus par des gaffes.

Pour vous, curieux de vous signaler dans ce genre d'exercice, vous ne l'aurez pas vu exécuter plus de deux fois, que vous serez au courant du procédé ; et l'expérience ne tardera pas à faire de vous un habile harponneur : car, comme dit Sancho :

Fabricando, fit faber.

Les portions charnues de ce poisson vivipare, doivent figurer en cuisine. On les mange grillées ou en biftecks, après les avoir laissées, pendant un ou deux jours, dans une marinade avec le vinaigre, l'huile, le poivre, le sel et oignons hachés. Si l'on fait dérougir le marsouin pendant deux ou trois heures, à la traîne du navire, dans le filet à lard, on peut le mettre à la sauce du bœuf à la mode : tel est alors le peu de différence dans le goût, que c'est à s'y méprendre pour ceux qui n'en sauraient rien. Quelquefois on en mange aussi le foie, le cœur, et les poumons. Le reste n'est bon qu'à être converti en huile. Mais tout cela n'est pas, pour les marins, le plus profitable casuel du métier.

Entretenons notre lecteur d'une pêche, qui vaut la peine qu'on s'en mêle : c'est celle du thon.

Le thon est un bel et bon poisson, de forme ronde, à peau brune, et unie sur le dos, blafarde et cendrée sous le ventre ; une queue cartilagineuse et fourchue, termine la colonne vertébrale, composée d'anneaux de même nature, auxquels aboutissent beaucoup de filets nerveux, recouverts de muscles épais et charnus ; de chaque côté des ouïes, partent de longs ailerons mobiles, qui, joints à une grande force musculaire, donnent à ce poisson une souplesse peu commune.

Le thon existe en abondance dans certains parages de la Méditerranée ; il est moins commun dans l'Océan.

C'est à peu près à moitié de la traversée de Terre-Neuve en France, qu'on en rencontre le plus; c'est là aussi le lieu de prédilection pour cette pêche.

Comme on peut en accrocher de très-gros (1), il est prudent de se servir de forts hameçons, bien trempés et étamés, enfin d'hameçons à morue ; deux, unis ensemble avec un fil goudronné, ne sont pas de trop; mais cet appareil peut souvent

(1) Ce poisson se trouve aussi dans les parages de Terre-Neuve ; en 1848, un maître de seine, de Granville, en prit un d'une pesanteur de 200 kilogr. à Belle-Ile Grand'-Baie, située entre le Labrador et le Quirpon.

manquer; il vaut mieux, pour plus de solidité, qu'ils fassent l'un et l'autre partie d'une même branche, que l'on plie par le milieu, pour que la courbure de l'un de ces hameçons soit parallèle à celle de l'autre.

Un morceau de liége, taillé en forme de petit poisson, doit être recouvert d'un linge blanc, que l'on enduit de suif; sur les côtes font saillie deux plumes de poule: car on doit imiter, autant que possible, la forme du poisson volant, dont le thon est excessivement avide. Cet appât artificiel est fixé, à l'aide de petit fil de laiton, au centre des hameçons et sur leurs branches. Un autre gros fil de cuivre, d'une brasse et demie de longueur, passé dans l'ouverture fournie par le rapprochement des deux branches à leur extrémité supérieure, est cordé sur lui-même dans une longueur de quatre centimètres seulement.

On dispose de la même manière l'autre bout destiné à recevoir la ligne, préalablement attachée sur l'arrière du navire, et on la lance à la mer. La marche du navire met en mouvement continuel l'appât trompeur; et la rupture d'un fil à voile qui retient la ligne à un boute-hors, annonce la prise du thon: rarement le manque-t-on par ce procédé. Alors les uns le halent main sur main, pour ne pas lui laisser le temps de se débattre dans l'eau, et pour le forcer à rester la gueule ouverte: ce qui détermine un commencement d'asphyxie; les autres, munis de gaffes, le crochettent et vous le hissent lestement sur le pont.

Malgré ses blessures, le thon, débarrassé des hameçons, et posé le nez au dalot, exécute des roulements aussi réguliers que ceux du meilleur tambour-maître. Ces roulements résultent de l'incroyable vitesse avec laquelle il agite la tête et la queue.

La chair de ce poisson a beaucoup de ressemblance avec celle du veau, tant par la couleur que par le goût: elle est délicieuse à toutes sauces. On en marine une grande quantité dans les pays où cette pêche se fait par spéculation commerciale.

Tels sont les principaux incidents qui égaient le voyageur, pendant la traversée pour le retour en France. Ce passage, comme je l'ai dit, s'effectue rapidement, et, presque toujours avec bonheur. Ainsi, au bout de seize jours d'une mer tranquille, nous rentrâmes dans le port de Granville, avec notre belle cargaison de morues sèches, le 7 octobre 1847.

Je me suis surtout proposé dans les récits qui précèdent, d'intéresser mes compatriotes à l'un des plus importants travaux de la marine du commerce, qui est la pépinière et l'école de celle de l'État. J'ai eu à lutter, dans le cours de cet ouvrage, contre un genre de difficultés où échouent les plus habiles écrivains : celle de faire voir clairement un objet par sa description. En considération des obstacles dont ma route était semée, et de la droiture de mes intentions, le public voudra bien excuser les nombreux défauts de mon travail. Puissé-je au moins m'être approché du but où je voulais atteindre :

Lectorem delectando pariterque monendo !

BIBLIOTHÈQUE ... IMPÉ...

FIN.

TABLE DES CHAPITRES.

CHAPITRE V.

Pages.

CHAPITRE VI.

CHAPITRE VII

CHAPITRE VIII.

CHAPITRE IX.

CHAPITRE X ET DERNIER.

FIN DE LA TABLE.

Parmi les personnes qui, les premières, ont encouragé, par leurs souscriptions, la publication de cet ouvrage, l'auteur se plaît à citer, avec reconnaissance, celles dont les noms suivent :

MM.

ANNOVILLE (CH.-MICHEL D') propriétaire à Annoville (Manche).
BEAUMONT (SUBTIL DE) propriétaire à Boulon (Calvados).
BERTRAND, maire de Caen, professeur et doyen de la Faculté des Lettres de Caen, etc.
BILLARD, (L'ABBÉ) curé de Hérenguerville (Manche).
CAIRON (DE) propriétaire à Caen.
COURROYE-DUPARC, juge suppléant au tribunal civil de Coutances.
DANIEL, (L'ABBÉ) officier de la Légion d'honneur, ex-recteur de l'académie de Caen, inspecteur-général de l'instruction secondaire, etc.
DELAUNAY (CHARLES), capitaine au long cours, à Pont-l'Evêque.
DUMESNIL (ERNEST-FRÉMIN), membre du Conseil général de la Manche.
DURAND, professeur de pharmacie à l'école de médecine de Caen, correspondant de l'Institut, etc.
GAUTIER, professeur de belles-lettres, ibid.
GODREUIL, capitaine au long cours, à Honfleur.
LAIR (P. A.), ex doyen du Conseil de préfecture du Calvados, secrétaire de la Société d'Agriculture de Caen, etc. , etc.
LE COMTE, juge de paix, à Montmartin-sur-Mer (Manche).
LEPRESTRE (Me), propriétaire à Caen.
MINARD, pharmacien, à Montmartin-sur-Mer.
MOREL (L'ABBÉ), curé de canton, ibid.
NÉGRIÉ, vétérinaire en premier, au Dépôt des Remontes, à Caen.
THIODON, propriétaire, en Angleterre.
TRAVERS (JULIEN) professeur à la Faculté des Lettres de Caen, secrétaire de l'Académie des Sciences, à Caen, etc.
VAUTIER (ABEL), député au Corps-Législatif, président de la Chambre de commerce de Caen, Membre du Conseil général, etc.
YOUF (L'ABBÉ), supérieur de la maison du Bon-Sauveur, à Caen, etc.

Caen - Imp. E. Poisson.

www.ingramcontent.com/pod-product-compliance
Ingram Content Group UK Ltd.
Pitfield, Milton Keynes, MK11 3LW, UK
UKHW031836260826
14628UKWH00001B/423